야나두 현지 영어

미국에서 한 달 살기

야나두 현지 영어
미국에서 한 달 살기 Indoors ❷

지은이 다락원&야나두 콘텐츠팀
펴낸이 정규도
펴낸곳 (주)다락원

초판 1쇄 발행 2021년 10월 1일

총괄책임 정계영
기획 · 편집 오순정, 이선영, 김현정
디자인 All Contents Group
감수 야나두 콘텐츠 연구소

DARAKWON 경기도 파주시 문발로 211
내용문의 (02)736-2031 내선 327
구입문의 (02)736-2031 내선 250~252
Fax (02)732-2037
출판 등록 1977년 9월 16일 제406-2008-000007호

값 15,000원
ISBN 978-89-277-0147-7 14740
978-89-277-0143-9(세트)

야나두 현지 영어

미국에서 한 달 살기

Indoors ❷

야나두 × 다락원

머리말

100% 미국에서 건너온 리얼 회화
한 달 동안 B&B 가족과 쉬운 영어로 소통하기!

1. 〈미국에서 한 달 살기〉 미국인 가족과 나눈 대화로 만들었습니다.

'우리 집을 안내해줄게.'
'이 한국 과자 먹어볼래?'
'어느 야구 팀 응원해?'

이 책은 주인공 리나가 〈미국에서 한 달 살기〉를 하며 B&B 가족과 함께 나눈 대화를 수록했습니다. 다정한 존슨 가족의 집에서 생활하며 나눈 생생한 대화를 만날 수 있습니다. 한국 과자를 나눠 먹고, TV를 보면서 좋아하는 야구팀을 응원하고, 같이 미국 음식을 요리하면서 주고받는 대화를 통해 여러분의 영어 실력을 자연스럽게 향상시켜보세요.

2. 쉬운 영어로 현지에서 소통하고 싶은 분을 위해 만들었습니다.

간단한 문장으로 소통하는 주인공 리나와 가족들의 대화를 통해 쉬운 영어로도 현지에서 통할 수 있다는 자신감을 키워줍니다. '휴대폰의 저장 공간을 늘려야겠어.'를 영어로 말하려고 할 때 어떤 동사를 쓰면 좋을까요? 원어민은 free up이라는 표현을 많이 써요. 이 책에서는 우리에게 이미 친숙한 단어들로 원어민이 어떻게 말하는지 보여드립니다. 또한, 서로 다른 문화를 소개할 때 유용한 표현을 알려드립니다. 미국의 도로에서 흔히 볼 수 있는 멈춤 표지판이 뭔지 설명하고, 해물파전을 부치면서 어떤 요리인지 소개하는 장면 등을 통해서 활용도 높은 문장을 배울 수 있습니다. 집 안팎의 상황 속에 등장하는 다양한 어휘와 응용 표현이 나오는 100% 미국에서 건너온 리얼 생활 밀착 영어를 만나보세요.

3. We'll take you out to the world!
여러분의 영어 실력을 밖으로 나오게 해드립니다.

이 책은 식사 준비와 재활용품 분리 같은 집안일부터 남매간의 사소한 갈등까지 집에서 벌어지는 다양하고 친숙한 상황에서 활용할 만한 쉬운 회화를 담았습니다. 이렇게 '집 안'에서 익힌 영어 회화를 밖에서도 쓸 수 있어야겠죠? 이 책은 이미 여러분이 가지고 있는 기본적인 영어 실력을 다지고 발전시켜 '집 밖'에서 활용할 수 있게 해드립니다. 이 책으로 공부하며 존슨 가족과 친해지다 보면, 기초 어법과 리얼한 회화 표현을 다른 상황에서도 자신감 있게 말하게 될 것입니다.

INDOORS 2

CONTENTS

CONTENTS

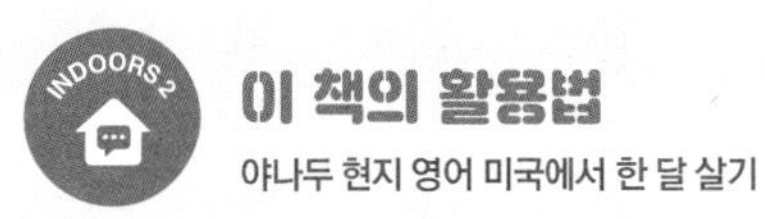

INDOORS 2
이 책의 활용법
야나두 현지 영어 미국에서 한 달 살기

① 인트로

오늘의 대화는 어떻게 흘러갈까요? 학습할 내용을 확인하고 상황을 상상하면서 워밍업해보세요.

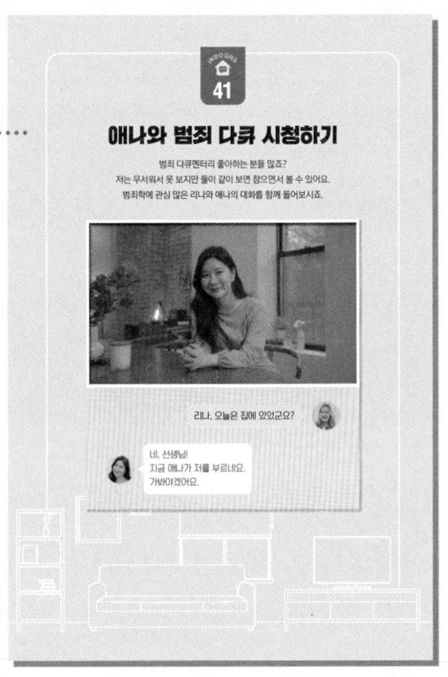

INDOORS
41
애나와 범죄 다큐 시청하기
범죄 다큐멘터리 좋아하는 분들 많죠?
저는 무서워서 못 보지만 둘이 같이 보면 참으면서 볼 수 있어요.
범죄학에 관심 많은 리나와 애나의 대화를 함께 들어보시죠.
리나, 오늘은 집에 있었군요?
네, 선생님!
지금 애나가 저를 부르네요.
가봐야겠어요.

② Live Talk

리나와 존슨 가족의 대화, 혹은 각 구성원의 단독 vlog를 MP3로 듣고 읽으면서 내용을 파악해 보세요.

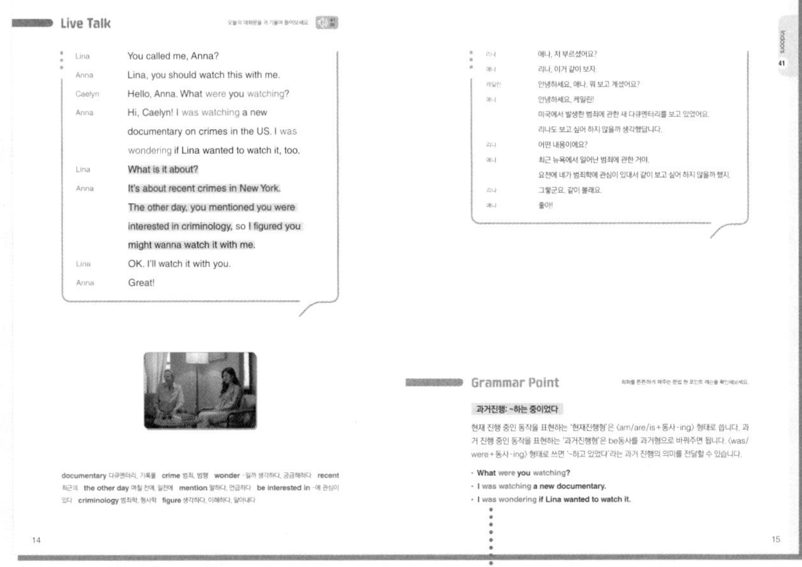

Live Talk
Lina You called me, Anna?
Anna Lina, you should watch this with me.
Caelyn Hello, Anna. What were you watching?
Anna Hi, Caelyn! I was watching a new documentary on crimes in the US. I was wondering if Lina wanted to watch it, too.
Lina What is it about?
Anna It's about recent crimes in New York. The other day, you mentioned you were interested in criminology, so I figured you might wanna watch it with me.
Lina OK. I'll watch it with you.
Anna Great!
리나 애나, 저 부르셨어요?
애나 리나, 이거 같이 보자.
케일린 안녕하세요, 애나. 뭐 보고 계셨어요?
애나 안녕하세요, 케일린! 미국에서 발생한 범죄에 관한 새 다큐멘터리를 보고 있었어요. 리나도 보고 싶어 하지 않을까 생각했답니다.
리나 어떤 내용이에요?
애나 최근 뉴욕에서 일어난 범죄에 관한 거야. 요전에 네가 범죄학에 관심이 있대서 같이 보고 싶어 하지 않을까 했지.
리나 그렇군요. 같이 볼래요.
애나 좋아!
documentary 다큐멘터리, 기록물 crime 범죄, 범행 wonder ~일까 생각하다, 궁금해하다 recent 최근의 the other day 며칠 전에, 일전에 mention 말하다, 언급하다 be interested in ~에 관심이 있다 criminology 범죄학, 형사학 figure 생각하다, 이해하다, 알아내다
Grammar Point
과거진행: ~하는 중이었다
현재 진행 중인 동작을 표현하는 '현재진행형'은 (am/are/is + 동사-ing) 형태로 씁니다. 과거 진행 중인 동작을 표현하는 '과거진행형'은 be동사를 과거형으로 바꿔주면 됩니다. (was/were + 동사-ing) 형태로 쓰면 '~하고 있었다'라는 과거 진행의 의미를 전달할 수 있습니다.
What were you watching?
I was watching a new documentary.
I was wondering if Lina wanted to watch it.
14
15

③ Grammar Point

Live Talk에 녹아 있는 기초 문법을 확인하고 공부하세요. 회화가 튼튼해집니다.

④ Expression Point

회화 실력을 업그레이드해주는 표현을 친절한 설명과 함께 수록했습니다. 응용 예문을 수록하여 표현력을 더 확장할 수 있게 했습니다.

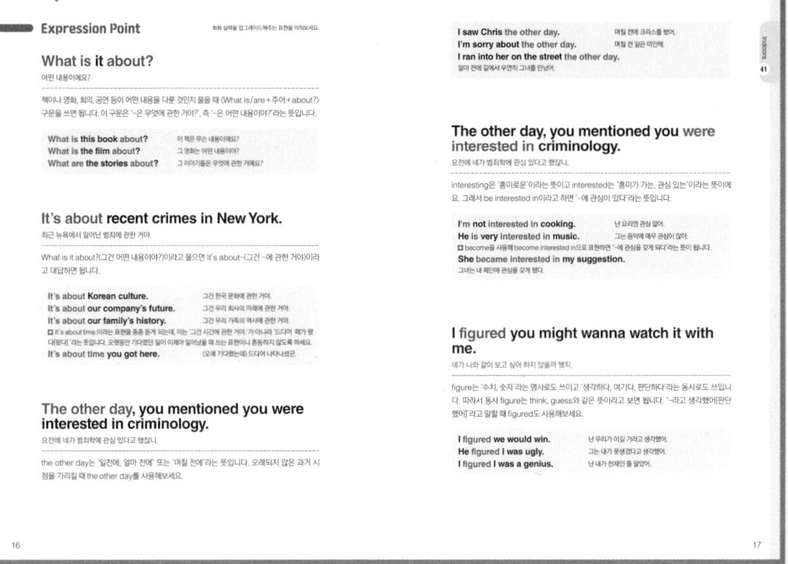

⑤ Drill 1

Expression Point에서 배운 표현을 응용해서 영작해보는 코너입니다. 보기를 참고해서 꼭 영작해보세요. 직접 써 보면 표현을 내 것으로 만드는 데 큰 도움이 됩니다.

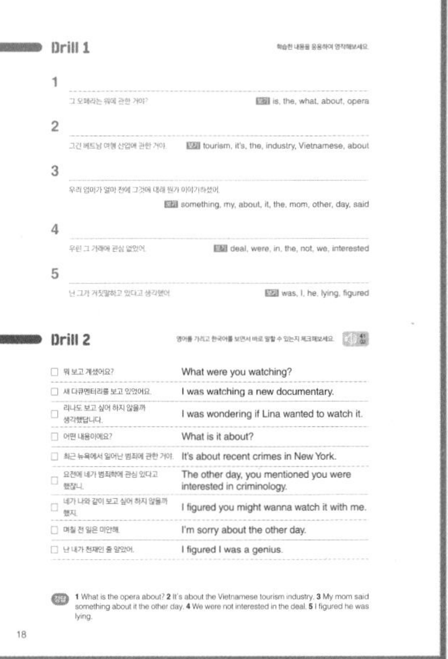

⑥ Drill 2

Live Talk과 Expression Point에서 중요한 문장을 뽑아 말하기 연습을 하는 시간입니다. MP3로 문장을 따라 말하고 외우면 실전에 활용하기 쉬워집니다.

한 달 동안 B&B 가족과
쉬운 영어로 소통하기

Let's get started!

애나와 범죄 다큐 시청하기

범죄 다큐멘터리 좋아하는 분들 많죠?
저는 무서워서 못 보지만 둘이 같이 보면 참으면서 볼 수 있어요.
범죄학에 관심 많은 리나와 애나의 대화를 함께 들어보시죠.

리나, 오늘은 집에 있었군요?

네, 선생님!
지금 애나가 저를 부르네요.
가봐야겠어요.

Live Talk

오늘의 대화문을 귀 기울여 들어보세요. 

Lina	You called me, Anna?
Anna	Lina, you should watch this with me.
Caelyn	Hello, Anna. What were you watching?
Anna	Hi, Caelyn! I was watching a new documentary on crimes in the US. I was wondering if Lina wanted to watch it, too.
Lina	What is it about?
Anna	It's about recent crimes in New York. The other day, you mentioned you were interested in criminology, so I figured you might wanna watch it with me.
Lina	OK. I'll watch it with you.
Anna	Great!

documentary 다큐멘터리, 기록물 **crime** 범죄, 범행 **wonder** ~일까 생각하다, 궁금해하다 **recent** 최근의 **the other day** 며칠 전에, 일전에 **mention** 말하다, 언급하다 **be interested in** ~에 관심이 있다 **criminology** 범죄학, 형사학 **figure** 생각하다, 이해하다, 알아내다

리나	애나, 저 부르셨어요?
애나	리나, 이거 같이 보자.
케일린	안녕하세요, 애나. 뭐 보고 계셨어요?
애나	안녕하세요, 케일린! 미국에서 발생한 범죄에 관한 새 다큐멘터리를 보고 있었어요. 리나도 보고 싶어 하지 않을까 생각했답니다.
리나	어떤 내용이에요?
애나	최근 뉴욕에서 일어난 범죄에 관한 거야. 요전에 네가 범죄학에 관심이 있대서 같이 보고 싶어 하지 않을까 했지.
리나	그렇군요. 같이 볼래요.
애나	좋아!

Grammar Point

회화를 튼튼하게 해주는 문법 원 포인트 레슨을 확인해보세요.

과거진행: ~하는 중이었다

현재 진행 중인 동작을 표현하는 '현재진행형'은 〈am/are/is+동사-ing〉 형태로 씁니다. 과거 진행 중인 동작을 표현하는 '과거진행형'은 be동사를 과거형으로 바꿔주면 됩니다. 〈was/were+동사-ing〉 형태로 쓰면 '~하고 있었다'라는 과거 진행의 의미를 전달할 수 있습니다.

- **What were you watching?**
- **I was watching a new documentary.**
- **I was wondering if Lina wanted to watch it.**

Expression Point

회화 실력을 업그레이드해주는 표현을 익혀보세요.

What is it about?

어떤 내용이에요?

책이나 영화, 회의, 공연 등이 어떤 내용을 다룬 것인지 물을 때 〈What is/are+주어+about?〉 구문을 쓰면 됩니다. 이 구문은 '~은 무엇에 관한 거야?', 즉 '~은 어떤 내용이야?'라는 뜻입니다.

What is this book about? 이 책은 무슨 내용이에요?
What is the film about? 그 영화는 어떤 내용이야?
What are the stories about? 그 이야기들은 무엇에 관한 거예요?

It's about recent crimes in New York.

최근 뉴욕에서 일어난 범죄에 관한 거야.

What is it about?(그건 어떤 내용이야?)이라고 물으면 It's about~(그건 ~에 관한 거야)이라고 대답하면 됩니다.

It's about Korean culture. 그건 한국 문화에 관한 거야.
It's about our company's future. 그건 우리 회사의 미래에 관한 거야.
It's about our family's history. 그건 우리 가족의 역사에 관한 거야.

+ It's about time.이라는 표현을 종종 듣게 되는데, 이는 '그건 시간에 관한 거야.'가 아니라 '드디어 때가 됐다[왔다].'라는 뜻입니다. 오랫동안 기다렸던 일이 이제야 일어났을 때 쓰는 표현이니 혼동하지 않도록 하세요.

It's about time you got here. (오래 기다렸는데) 드디어 나타나셨군.

The other day, you mentioned you were interested in criminology.

요전에 네가 범죄학에 관심 있다고 했잖니.

the other day는 '일전에, 얼마 전에' 또는 '며칠 전에'라는 뜻입니다. 오래되지 않은 과거 시점을 가리킬 때 the other day를 사용해보세요.

I saw Chris the other day. 며칠 전에 크리스를 봤어.
I'm sorry about the other day. 며칠 전 일은 미안해.
I ran into her on the street the other day.
얼마 전에 길에서 우연히 그녀를 만났어.

The other day, you mentioned you were interested in criminology.

요전에 네가 범죄학에 관심 있다고 했잖니.

interesting은 '흥미로운'이라는 뜻이고 interested는 '흥미가 가는, 관심 있는'이라는 뜻이에요. 그래서 be interested in이라고 하면 '~에 관심이 있다'라는 뜻입니다.

I'm not interested in cooking. 난 요리엔 관심 없어.
He is very interested in music. 그는 음악에 매우 관심이 많아.
+ become을 사용해 become interested in으로 표현하면 '~에 관심을 갖게 되다'라는 뜻이 됩니다.
She became interested in my suggestion.
그녀는 내 제안에 관심을 갖게 됐다.

I figured you might wanna watch it with me.

네가 나와 같이 보고 싶어 하지 않을까 했지.

figure는 '수치, 숫자'라는 명사로도 쓰이고 '생각하다, 여기다, 판단하다'라는 동사로도 쓰입니다. 따라서 동사 figure는 think, guess와 같은 뜻이라고 보면 됩니다. '~라고 생각했어[판단했어]'라고 말할 때 figured도 사용해보세요.

I figured we would win. 난 우리가 이길 거라고 생각했어.
He figured I was ugly. 그는 내가 못생겼다고 생각했어.
I figured I was a genius. 난 내가 천재인 줄 알았어.

Drill 1

학습한 내용을 응용하여 영작해보세요.

1 ______________________________

그 오페라는 뭐에 관한 거야? **보기** is, the, what, about, opera

2 ______________________________

그건 베트남 여행 산업에 관한 거야. **보기** tourism, it's, the, industry, Vietnamese, about

3 ______________________________

우리 엄마가 얼마 전에 그것에 대해 뭔가 이야기하셨어.

보기 something, my, about, it, the, mom, other, day, said

4 ______________________________

우린 그 거래에 관심 없었어. **보기** deal, were, in, the, not, we, interested

5 ______________________________

난 그가 거짓말하고 있다고 생각했어. **보기** was, I, he, lying, figured

Drill 2

영어를 가리고 한국어를 보면서 바로 말할 수 있는지 체크해보세요. 

☐	뭐 보고 계셨어요?	What were you watching?
☐	새 다큐멘터리를 보고 있었어요.	I was watching a new documentary.
☐	리나도 보고 싶어 하지 않을까 생각했답니다.	I was wondering if Lina wanted to watch it.
☐	어떤 내용이에요?	What is it about?
☐	최근 뉴욕에서 일어난 범죄에 관한 거야.	It's about recent crimes in New York.
☐	요전에 네가 범죄학에 관심 있다고 했잖니.	The other day, you mentioned you were interested in criminology.
☐	네가 나와 같이 보고 싶어 하지 않을까 했지.	I figured you might wanna watch it with me.
☐	며칠 전 일은 미안해.	I'm sorry about the other day.
☐	난 내가 천재인 줄 알았어.	I figured I was a genius.

정답 **1** What is the opera about? **2** It's about the Vietnamese tourism industry. **3** My mom said something about it the other day. **4** We were not interested in the deal. **5** I figured he was lying.

야구광 샘과 야구 경기 시청하기

오늘은 집에 리나와 샘만 있나 봐요.
그런데 야구광인 샘은 야구 경기 삼매경에 빠져 있네요.

샘은 뭘 저렇게 재밌게 보고 있나요?

저도 궁금해요.
가서 같이 봐야겠어요.

Live Talk

Sam Whoa!

Lina Hey, Sam! What are you doing?

Sam I'm just watching a baseball game.
Do you want to join?

Lina Sure! I'll join.

Sam So, how do you like it here so far?

Lina I'm actually having so much fun!
I've been making a lot of new friends and I'm actually meeting one of them tonight.

Sam Good for you!

Lina Thank you.

Sam Yes!

Lina Wow! You really love baseball!

Sam I do! I've been playing with my friends since I was a kid. I'm not really that good, though.

Caelyn That's not what matters.
All that matters is that you enjoy it!

Sam Thanks, Caelyn.

Sam So disappointing.

Lina I'm sorry.

Sam Next time.

join 함께 하다, 동참하다 **so far** 지금까지 **actually** 사실은 **make a friend** 친구를 사귀다 **Good for you!** 잘됐다! **since** ~한 이후로, ~때부터 **though** 그래도, 그렇지만 **matter** 중요하다 **all that matters** 중요한 (모든) 것 **enjoy** 즐기다 **disappointing** 실망스러운, 기대에 못 미치는

샘	예!
리나	샘! 뭐 해?
샘	야구 경기 보고 있어. 같이 볼래?
리나	응! 같이 볼래.
샘	지금까지 여기 생활은 어때?
리나	요즘 진짜 재미있어! 새 친구들도 많이 사귀었고, 사실 친구 한 명이랑 저녁에 만나기로 했어.
샘	잘됐다!
리나	고마워.
샘	그렇지!
리나	와! 너 야구 정말 좋아하는구나!
샘	응! 어릴 때부터 친구들이랑 야구 경기를 했어. 그렇게 잘하진 않지만.
케일린	그게 중요한 게 아니죠. 중요한 건 즐기는 거죠!
샘	고마워요, 케일린.
샘	너무 아깝다.
리나	안됐네.
샘	다음이 있으니까.

Grammar Point

회화를 튼튼하게 해주는 문법 원 포인트 레슨을 확인해보세요.

현재진행: 지금 ~하는 중이다(진행), 요즘 ~하고 있다(근황)

〈am/are/is+동사-ing〉는 '~하고 있다'라는 뜻으로 '현재진행형'이에요. 요즘 뭐 하고 지내는지 근황을 나타낼 때도 현재진행형을 사용할 수 있어요.

- **What are you doing?**
- **I'm just watching a baseball game.**
- **I'm actually having so much fun!**

현재진행: ~할 것이다(가까운 미래)

현재진행형이 가까운 미래를 나타내기도 합니다. 현재진행을 나타내는지, 가까운 미래를 나타내는지는 문맥을 보고 구분해야 합니다. 다음 문장에서는 tonight(오늘 저녁)을 통해 가까운 미래라는 것을 알 수 있습니다.

- **I'm actually meeting one of them tonight.**

Expression Point

회화 실력을 업그레이드해주는 표현을 익혀보세요.

I'm actually having so much fun!

요즘 진짜 재미있어!

have fun은 '재미있는[즐거운] 시간을 보내다'라는 뜻입니다. 여기에서 fun은 '재미, 즐거움'이라는 명사입니다. fun과 funny를 혼동하는 경우가 많은데, 형용사 fun은 '즐거운'이라는 뜻이고 funny는 '웃긴'이라는 뜻이에요. 구분해서 사용하도록 하세요.

We are having so much fun together. 우리는 함께 정말 즐거운 시간을 보내고 있어.
I hope you have fun! 즐거운 시간 되렴!

I've been making a lot of new friends.

새 친구들을 많이 사귀고 있어.

'친구를 사귀다'는 말을 영어로는 동사 make를 써서 make a friend라고 합니다. 친구를 사귀려면 잘 맞지 않아도 '만들어가는' 노력이 필요하다는 의미인 것 같네요.

I make friends easily. 나는 친구를 쉽게 사귄다.
He made friends with the kids on the street.
그는 길에서 만난 아이들과 친구가 됐다.
I will teach you how to make good friends.
좋은 친구를 사귀는 법을 가르쳐줄게.

I've been playing with my friends since I was a kid.

어릴 때부터 친구들이랑 야구 경기를 했어.

since는 '~이후로'라는 뜻으로 since I was a kid는 '내가 어릴 때부터'라는 뜻이 됩니다. since의 의미상 과거부터 지금까지 계속 이어지는 상황이나 동작을 나타내는 현재완료(have p.p.)나 현재완료진행(have been+동사-ing)과 함께 쓰는 경우가 많습니다.

We have been friends since then. 우리는 그때부터 친구로 지내고 있다.
She has been swimming since she was three years old.
그녀는 세 살 때부터 수영을 했어.
Jullian has been the company's president since 2008.
줄리안은 2008년부터 그 회사의 사장으로 재임 중이다.

I'm not really that good, though.

그렇게 잘하진 않지만.

I'm not good.이 '난 잘하지 않아.'라면 I'm not really good.은 '난 그렇게 잘하지 않아.'라는 뜻이에요. 어느 정도 잘하긴 하지만 아주 잘하는 건 아니라는 표현이지요. 이렇게 I'm not really 다음에 형용사가 오면 '난 그렇게[그다지] ~하지 않아'라는 뜻이 됩니다.

I'm not really angry. 나 그렇게 화 안 났어.
I'm not really young. 저 그렇게 어리지 않아요.
I'm not really sure how to solve this problem.
이 문제 어떻게 풀지 잘 모르겠어.

All that matters is that you enjoy it!

중요한 건 즐기는 거죠!

matter는 '중요하다, 문제 되다'라는 뜻이에요. '그건 중요하지 않아.'라는 뜻으로 It doesn't matter.라는 말을 들어봤을 거예요. 이 문장의 주어인 all that matters는 '중요한 모든 것'이라는 뜻이에요. 따라서 All that matters is~는 '중요한 모든 것은 ~이다', 즉 '중요한 건 ~이다'를 강조해서 말하는 표현이에요.

All that matters is who wins the election.
중요한 것은 선거에서 누가 이기냐다.
All that matters is what you choose. 중요한 건 당신의 선택이다.
All that matters is that he is happy. 그가 행복한 게 중요해.

Drill 1

학습한 내용을 응용하여 영작해보세요.

1 ______________________________

오늘 재미있었어요? **보기** have, today, did, fun, you

2 ______________________________

대도시에서 친구를 사귀는 건 어려운 일이다. **보기** in, friends, a, make, city, it's, big, hard, to

3 ______________________________

난 다섯 살 때부터 태권도를 수련해왔어.

보기 since, 5, been, I, practicing, was, taekwondo, I, have

4 ______________________________

난 음악에는 그다지 흥미가 없어. **보기** music, I'm, in, really, interested, not

5 ______________________________

중요한 건 네가 어떻게 생각하느냐다. **보기** is, what, all, think, that, you, matters

Drill 2

영어를 가리고 한국어를 보면서 바로 말할 수 있는지 체크해보세요. 

□ 뭐 해?	What are you doing?
□ 그냥 야구 경기 보고 있어.	I'm just watching a baseball game.
□ 요즘 진짜 재미있어!	I'm actually having so much fun!
□ 새 친구들을 많이 사귀고 있어.	I've been making a lot of new friends.
□ 사실 그들 중 한 명이랑 저녁에 만나기로 했어.	I'm actually meeting one of them tonight.
□ 어릴 때부터 친구들이랑 야구 경기를 했어.	I've been playing with my friends since I was a kid.
□ 그렇게 잘하진 않지만.	I'm not really that good, though.
□ 중요한 건 즐기는 거죠!	All that matters is that you enjoy it!
□ 저 그렇게 어리지 않아요.	I'm not really young.

1 Did you have fun today? **2** It's hard to make friends in a big city. **3** I have been practicing taekwondo since I was 5. **4** I'm not really interested in music. **5** All that matters is what you think.

아이스크림 걸고 야구 경기 보기

오늘은 뉴욕 양키스와 보스턴 레드삭스의 야구 경기가 있는 날이에요.
리나와 샘, 제시카와 케일린이 각각 한 팀이 되어 어느 팀이 이기는지 내기를 하나 봐요.

셋이 다 같이 모였네요?

오늘 중요한 야구 경기가 있거든요.

선생님도 같이 보실래요?

Live Talk

오늘의 대화문을 귀 기울여 들어보세요. 

Sam	Oh, I totally forgot! The New York Yankees are playing against the Boston Red Sox! We should watch that.
Jessica	Really? Hey! Which team are you gonna root for?
Sam	The Yankees, of course!
Lina	I really like the New York Yankees, too.
Jessica	But I'm a fan of the Boston Red Sox.
Caelyn	Does this mean it's two against one? Then, why don't I also team up with Jessica?
Lina	Great! Then let's bet on which team wins!
Sam	Yeah, that sounds fun! What should we bet on?
Jessica	How about ice cream?
Sam	Lina and I'll be eating that ice cream.
Caelyn	Jessica! If we win, since I can't be there, you eat two ice creams.
Jessica	Are you gonna watch the game, Caelyn? Isn't it night time in Korea?
Caelyn	Well, I won't be sleeping! I have to know who wins!
Lina	The game is on!
Sam & Lina	Yankees! Yankees! Yankees!
Jessica	Boston Red Sox!

totally 완전히, 전적으로 **forget** 잊다 (과거형 forgot) **play against** ~에 맞서 싸우다 **root for** ~를 응원하다(= cheer for) **a fan of** ~의 팬 **two against one** 2대 1 **team up with** ~와 한 팀이 되다 **bet on** ~을 두고 내기하다 **The game is on!** (내기, 시합 등이 시작할 때 강조의 의미로) 시작이다!

샘	완전히 잊고 있었네! 뉴욕 양키스랑 보스턴 레드삭스 경기하는데!
	그거 보면 되겠다.
제시카	정말? 야! 너는 어느 팀 응원할 거야?
샘	당연히 양키스지!
리나	나도 뉴욕 양키스 정말 좋아해.
제시카	하지만 나는 보스턴 레드삭스 팬인걸.
케일린	2대 1인가요?
	그럼 제가 제시카랑 한 팀이 돼볼까요?
리나	좋다! 그럼 어느 팀이 이기는지 내기하자!
샘	그래, 재미있겠다! 뭘 걸까?
제시카	아이스크림 어때?
샘	리나랑 내가 아이스크림을 먹겠네.
케일린	제시카! 전 거기에 없으니 우리가 이기면 제시카가 두 개 먹어요.
제시카	선생님도 경기 보실 건가요? 한국은 저녁 아니에요?
케일린	음, 안 잘 거예요! 누가 이기는지 봐야죠!
리나	경기 시작한다!
샘&리나	양키스! 양키스! 양키스!
제시카	보스턴 레드삭스!

Grammar Point

회화를 튼튼하게 해주는 문법 원 포인트 레슨을 확인해보세요.

미래진행: ~하고 있을 것이다

휴가를 앞두고 대화를 나눈다면 이런 이야기가 오갈 거예요. "이틀 후에 난 리조트에서 가족과 즐거운 시간을 보내고 있을 거야." 또는 "난 여자친구와 근사한 저녁 식사를 하고 있을 거야." 이렇게 미래에 계획대로 진행되는 모습을 상상하며 '~하고 있을 거야'라고 말할 때 '미래진행형'을 사용해요. 미래진행형은 미래를 나타내는 조동사 will을 넣어서 〈will be+동사-ing〉로 표현합니다.

- **Lina and I'll be eating that ice cream.**
- **I won't be sleeping!**

Expression Point

회화 실력을 업그레이드해주는 표현을 익혀보세요.

The New York Yankees are playing against the Boston Red Sox!

뉴욕 양키스랑 보스턴 레드삭스 경기하는데!

스포츠 경기에서 어떤 팀이 다른 팀과 경기한다고 할 때 play against(~에 맞서 경기하다)를 써요. play with(~와 경기하다)는 같은 팀 선수들끼리도 쓸 수 있는 표현이어서 혼동이 올 수 있어요. 승부를 가리기 위해 맞서 경기할 때는 play against를 쓴다는 점 잊지 마세요.

My team is playing against your team. 우리 팀은 너희 팀을 상대로 경기 중이야.
The Giants are playing against the Lions this Saturday.
자이언츠는 이번 토요일에 라이온즈와 경기를 한다.
The two teams are playing against each other tonight.
두 팀은 오늘 밤에 서로 맞붙을 것이다.

Which team are you gonna root for?

너는 어느 팀 응원할 거야?

root for는 '~를 응원하다'라는 뜻입니다. 좋아하는 스포츠팀이나 선수를 응원할 때 쓰지만 꼭 스포츠에 한정해서 쓰지는 않아요. 우리말의 '응원'과 마찬가지로 누군가를 '격려하고 지원한다'고 할 때도 쓰는 표현입니다.

They always root for the Lotte Giants. 그들은 언제나 롯데 자이언츠를 응원해.
I'm always going to root for you. 난 언제나 널 응원할 거야.
I can't root for this team anymore. 난 더 이상 이 팀을 응원할 수 없어.

But I'm a fan of the Boston Red Sox.

하지만 나는 보스턴 레드삭스 팬인걸.

'팬'은 영어의 fan에서 온 말입니다. '난 그의 팬이야.'는 I'm his fan. 또는 I'm a fan of him. 중 어느 쪽을 써도 상관없습니다. 연예인이나 운동선수뿐만 아니라 좋아하는 음식, 취미 등에도 사용 가능합니다. '광팬, 골수팬'은 big fan, huge fan이라고 표현하면 됩니다.

I am a fan of BTS. 난 BTS의 팬이야.
My dad is a big fan of burgers. 우리 아빠는 햄버거 광팬이야(정말 좋아해).
I was a huge fan of Michael Jordan. 난 마이클 조던의 광팬이었어.

Then let's bet on which team wins!

그럼 어느 팀이 이기는지 내기하자!

bet에는 '내기하다', '(내기에 돈 등을) 걸다'라는 뜻이 있어요. 우리가 흔히 쓰는 '베팅한다'도 bet에서 온 말입니다. 돈을 걸고 도박을 하는 경우도 있지만, 경기 결과 등을 두고 점심이나 커피 내기를 할 때도 bet을 씁니다. 뭘 두고 하는 내기인지 명확히 하려면 전치사 on을 붙여주면 됩니다.

Let's bet on your sister's team. 너희 누나 팀에 내기 걸자!
Let's bet lunch on who will win. 누가 이길지 점심 내기하자.
+ bet은 내기와 관련 없이 '확신하다'라는 뜻으로도 자주 쓰입니다. '난 ~라고 확신해'라는 뜻으로 I bet~과 I'll bet~ 모두 가능합니다.
I bet you're very tired. 너 분명 무척 피곤하겠구나.

Well, I won't be sleeping!

음, 안 잘 거예요!

미래에 계획대로 어떤 상황이나 동작이 진행되는 것을 상상하면서 이야기할 때 미래진행형 〈will be+동사-ing〉를 쓴다고 했죠? '~하고 있지 않을 거야'라는 부정문은 〈won't be+동사-ing〉의 형태로 표현해요.

I won't be rooting for your team. 난 너희 팀을 응원하지 않을 거야.
I won't be fighting forever. 난 언제까지 싸우고만 있진 않을 거야.
We won't be playing against Japan this year.
우린 올해 일본과 경기를 하지 않을 거야.

Drill 1

학습한 내용을 응용하여 영작해보세요.

1 ______________________________

영국은 일요일에 이탈리아와 경기할 거야.

보기 Italy, England, against, be, on, playing, Sunday, will

2 ______________________________

난 언제나 그들을 응원할 거야. 보기 for, always, them, root, will, I

3 ______________________________

난 작년부터 대통령의 팬이었다.

보기 I, since, year, have, last, of, the, been, president, a, fan

4 ______________________________

누가 저기에 가장 먼저 도착할지 내기하자.

보기 first, to, who, the, there, arrive, will, let's, on, be, bet

5 ______________________________

난 혼자 술 마시고 있지는 않을 거야. 보기 won't, drinking, be, alone, I

Drill 2

영어를 가리고 한국어를 보면서 바로 말할 수 있는지 체크해보세요. 43 02

☐ 뉴욕 양키스랑 보스턴 레드삭스 경기하는데!	The New York Yankees are playing against the Boston Red Sox!
☐ 너는 어느 팀 응원할 거야?	Which team are you gonna root for?
☐ 하지만 나는 보스턴 레드삭스 팬인걸.	But I'm a fan of the Boston Red Sox.
☐ 그럼 어느 팀이 이기는지 내기하자!	Then let's bet on which team wins!
☐ 리나랑 내가 아이스크림을 먹겠네.	Lina and I'll be eating that ice cream.
☐ 음, 안 잘 거예요!	Well, I won't be sleeping!
☐ 너희 누나 팀에 내기 걸자!	Let's bet on your sister's team.
☐ 난 언제나 널 응원할 거야.	I'm always going to root for you.
☐ 우리 팀은 너희 팀을 상대로 경기 중이야.	My team is playing against your team.

정답 **1** England will be playing against Italy on Sunday. **2** I will always root for them. **3** I have been a fan of the president since last year. **4** Let's bet on who will be the first to arrive there. **5** I won't be drinking alone.

제시카와 함께 TV 시청하기

가끔은 집에서 여유롭게 TV나 영화를 보는 시간이 필요하지요.
오늘 리나와 제시카는 집에서 영화를 볼 모양이네요. 어떤 영화일지 궁금한데요.

선생님, 제시카가 같이 넷플릭스 보자고 하네요.

어머, 여자들끼리의 시간인가요? 부럽다! 재미있게 보고 와요.

Live Talk

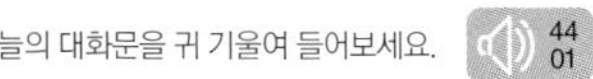

Lina	Sure! What should we watch?
Jessica	Let's watch *Bling Empire*. Have you heard of it?
Lina	Yes! I've seen it before. But I skipped through it, so I don't mind watching it again.
Jessica	OK! Where's the remote?
Lina	Um… I think I saw it this morning. Michael had used it when he watched the news.
Jessica	My dad? Oh! Then it must be on the kitchen counter.
Lina	What?
Jessica	He always leaves it there. I don't know why. Found it!
Lina	Alright! Let's watch!

hear of ~에 대해 (소식 등을) 듣다 **skip through** 훑어보다, 건너뛰다 **don't mind** 상관없다, 개의치 않다 **remote**(=**remote control**) 리모컨; 외진, 먼 **kitchen counter** 부엌[주방] 조리대 **leave** 놓다, 놔두다, 떠나다

리나	물론이지! 어떤 거 볼까?
제시카	〈블링 엠파이어〉 보자. 이거 들어봤어?
리나	응! 본 적 있어. 근데 제대로 보진 않아서 또 봐도 상관없어.
제시카	좋아! 리모컨 어딨지?
리나	음… 오늘 아침에 본 거 같은데. 마이클이 뉴스 볼 때 썼었거든.
제시카	아빠가? 아! 그럼 부엌 조리대 위에 있겠다.
리나	뭐?
제시카	항상 거기에 두시거든. 왠지 모르겠지만. 찾았다!
리나	좋아! 이제 보자!

Grammar Point

회화를 튼튼하게 해주는 문법 원 포인트 레슨을 확인해보세요.

과거완료: (과거보다 이전에) ~해봤다, ~했다

현재완료는 〈have p.p.〉 형태이고, 과거완료는 〈had p.p.〉 형태입니다. 현재완료형으로 I have heard of it.이라고 하면 '그거 들어봤어.'라는 뜻이고, 과거완료형으로 I had heard of it before you told me.라고 하면 '네가 말하기 전에 그거 들어봤어.'라는 뜻이 됩니다. 내가 들은 시점이 네가 말한 과거 시점 이전의 일이기 때문에 과거완료를 써서 표현한 거예요.

- **Michael had used it when he watched the news.**

Expression Point

회화 실력을 업그레이드해주는 표현을 익혀보세요.

Have you heard of it?

그거 들어본 적 있어?

현재완료 〈have p.p.〉는 '~한 적이 있다'라는 뜻으로도 쓰입니다. You have heard of it.(넌 그것을 들어본 적이 있어.)을 의문문으로 만들면 Have you heard of it?(그거 들어본 적 있어?)이 됩니다. 이렇게 '~한 적 있어?'라고 물어볼 때는 〈Have you p.p.?〉를 사용합니다.

Have you met him before? 그를 전에 만난 적 있어?
Have you been to Gwangju? 광주에 가본 적 있어?
Have you played tennis? 테니스 쳐본 적 있어?

Have you heard of it?

그거 들어본 적 있어?

hear of는 단순한 소리가 아니라 '(존재나 소식 등)에 대해 듣다'라는 뜻이에요. 따라서 현재완료형인 have heard of는 '(존재, 소식 등)에 대해 들어본 적 있다'는 뜻이 됩니다.

Have you heard of John Lennon? 존 레논이란 사람 들어봤어?
I've heard of Jeju Island. 제주도에 대해 들어본 적 있어요.
I've never heard of Super Spider-Man. 슈퍼 스파이더맨이란 건 못 들어봤는데요.
+ hear가 '들려서 듣다'라는 뜻이라면 listen은 '주의 깊게 듣다'라는 뜻이에요.
Listen to me! 내 말 좀 들어봐요!

But I skipped through it.

근데 제대로 보진 않았어.

skip은 '건너뛰다'라는 뜻이어서 skip through 하면 '~을 훑어보다'라는 뜻입니다. 꼼꼼하게 보는 것이 아니라 빠른 속도로 대략의 내용만 파악하면서 보는 것을 말합니다.

I skipped through the book. 그 책을 훑어봤어.
He will skip through those questions. 그는 그 질문들을 훑어볼 거야.
You can skip through the remaining chapters.
남은 챕터들은 훑어보면 돼.

I don't mind watching it again.

난 또 봐도 상관없어.

'꺼리다, 싫어하다'라는 뜻의 mind는 부정형 don't mind 형태로 자주 사용되는데, 이는 '꺼리지 않다, 상관없다, 괜찮다'라는 뜻이에요. '~해도 상관없다[괜찮다]'라고 말하려면 뒤에 동명사를 붙여서 〈don't mind+동사-ing〉로 말하면 됩니다.

I don't mind watching it over and over again. 난 이걸 보고 또 봐도 괜찮아요.
I don't mind walking in the rain. 난 빗속을 걸어도 괜찮아.
Don't you mind working with Kevin? 케빈하고 함께 일해도 상관없어?

He always leaves it there.

그는 항상 거기에 두시거든.

leave에는 '떠나다'라는 뜻도 있고 '놓다, 놔두다'라는 뜻도 있습니다. 여기서는 후자의 의미로 쓰였어요. Please don't leave me.는 '나를 떠나지 마.'이고, Leave me alone.은 '날 내버려둬.'입니다. 문맥을 보고 의미를 구별해야 합니다. leave의 과거와 과거분사형은 모두 left입니다.

Leave the money on my desk. 돈을 내 책상 위에 둬.
Leave the book on the shelf. 그 책을 선반 위에 놔둬.
Leave it right there. 바로 거기에 놔둬.

Drill 1

학습한 내용을 응용하여 영작해보세요.

1 ______________________________

담배 끊으려고 노력한 적 있어? **보기** you, quit, tried, to, smoking, have

2 ______________________________

네 이름을 들어봤어. **보기** heard, your, of, name, I've

3 ______________________________

그는 자신의 블로그 게시물을 훑어보고 있다. **보기** he, through, is, blog, his, posts, skipping

4 ______________________________

저는 제 방을 같이 써도 상관없어요. **보기** mind, I, my, sharing, room, don't

5 ______________________________

네 차는 집에 놔둬. **보기** car, your, at, home, leave

Drill 2

영어를 가리고 한국어를 보면서 바로 말할 수 있는지 체크해보세요. 

□ 그거 들어본 적 있어?	Have you heard of it?
□ 전에 본 적 있어.	I've seen it before.
□ 근데 제대로 보진 않았어.	But I skipped through it.
□ 난 또 봐도 상관없어.	I don't mind watching it again.
□ 리모컨 어딨지?	Where's the remote?
□ 마이클이 뉴스 볼 때 썼었거든.	Michael had used it when he watched the news.
□ 그럼 부엌 조리대 위에 있겠다.	Then it must be on the kitchen counter.
□ 그는 항상 거기에 두시거든.	He always leaves it there.
□ 제주도에 대해 들어본 적 있어요.	I've heard of Jeju Island.

 **1** Have you tried to quit smoking? **2** I've heard of your name. **3** He is skipping through his blog posts. **4** I don't mind sharing my room. **5** Leave your car at home.

한국 과자 소개하기

오늘 무슨 좋은 날인가요? 맛난 우리나라 과자들이 대거 등장했네요!
제시카와 샘이 이 과자들을 좋아할지 정말 궁금해요.

쟁반에 있는 그거 과자 아니에요?
오늘 무슨 날이에요?

제가 샘이랑 제시카 주려고
한국 과자를 준비했어요.
둘이 어떤 반응일지 너무 궁금해요.

Live Talk

오늘의 대화문을 귀 기울여 들어보세요. 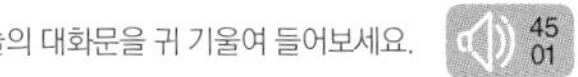

Lina	Hey, Jess and Sam! Have you tried Korean snacks before?
Jessica & Sam	No, we haven't!
Lina	That's why I brought some of them from Korea. Would you try some?
Jessica & Sam	Sure!
Lina	Have you seen these before?
Jessica	No. This is my first time seeing them.
Sam	Oh cool! They have Korean on them.
Lina	Yes. So this one is my childhood snack.
Caelyn	Hey, Lina! I'm eating the honey-butter-coated chips, too!
Jessica	Honey-butter-coated?
Lina	Yeah. This one was actually very rare to find them when it first came out. As soon as they put them on the shelves… sold out! Right away!
Sam	What's this one? It looks like little coffee beans.
Lina	This one is another one of my favorites. It's a cereal snack. You could just eat it as it is, or have it with milk like cereal. So, which one would you try first?
Jessica	I wanna try the honey-butter-coated ones.
Sam	Yeah. Me, too!
Lina	Okay! This one, you have to smell it first. Ready? Smell it! What do you think?
Sam	Smells like honey!
Lina	Yeah.

snacks 과자, 스낵 **bring** 가져오다 (과거형 brought) **honey-butter-coated** 꿀버터가 발린 **rare** 희귀한, 보기 드문 **come out** 출시되다 **as soon as** ~하자마자 **shelf** 선반 (복수형 shelves) **sell out** 다 팔리다 (과거형 sold out) **right away** 곧바로, 즉시 **cereal** 시리얼, 곡물

리나	제시카, 샘! 한국 과자 먹어본 적 있어?
제시카&샘	아니, 없어!
리나	그래서 한국에서 좀 가져왔어. 먹어볼래?
제시카&샘	물론이지!
리나	이 과자들 본 적 있어?
제시카	아니. 처음 봐.
샘	멋지다! 한국어로 쓰여 있네.
리나	응. 이 과자는 내가 어릴 때 먹던 과자야.
케일린	리나! 저도 지금 허니버터 과자 먹고 있는데!
제시카	허니버터?
리나	응. 이거 처음 나왔을 때 구하는 게 정말 어려웠어. 진열대에 올리자마자… 다 매진! 즉시 말이야!
샘	이건 뭐야? 작은 커피콩처럼 생겼네.
리나	이것도 내가 좋아하는 거야. 시리얼 과자야. 그냥 먹어도 되고, 시리얼처럼 우유랑 먹기도 해. 그럼, 뭐부터 먹어볼래?
제시카	나는 허니버터 과자 먹어보고 싶어.
샘	응. 나도!
리나	좋아! 이건 냄새부터 맡아야 해. 준비 됐어? 맡아봐! 어때?
샘	꿀 냄새가 나네!
리나	맞아.

Grammar Point

회화를 튼튼하게 해주는 문법 원 포인트 레슨을 확인해보세요.

현재완료: ~한 적 있다(경험)

전에 경험해본 적이 있는지 없는지 말할 때는 현재완료형인 〈have p.p.〉를 씁니다. have seen(본 적 있다), have heard(들어본 적 있다)처럼 have 뒤에 과거분사(p.p.)를 붙여주면 '~해본 적 있다'는 표현이 됩니다. '~해본 적 있어?' 하고 물어볼 때는 have를 주어 앞으로 빼서 〈Have you p.p.?〉와 같이 물으면 됩니다.

- **Have you tried Korean snacks before?**
- **No, we haven't!**
- **Have you seen these before?**

No, we haven't!

아니, (먹어본 적) 없어!

'~해본 적 있어'는 〈have p.p.〉를 쓰고, '~해본 적 없어'는 〈haven't p.p.〉를 써서 말합니다. 위 문장도 원래는 No, we haven't tried Korean snacks before.인데 질문과 겹치는 부분을 생략하고 간단히 No, we haven't.라고 한 거예요.

I haven't met her yet. 난 아직 그녀를 만난 적 없어.
We haven't even tried our best. 우리는 최선을 다한 적도 없어.
She hasn't studied science since 2012.
그녀는 2012년 이후 과학을 공부한 적 없어.

That's why I brought some of them from Korea.

그래서 내가 한국에서 좀 가져왔어.

why는 이유를 물을 때 쓰는 의문사지요. That's why~는 '그게 바로 ~하는 이유야'라는 뜻인데, 이는 '그래서 ~해'라고 해석할 수 있어요. '그래서'를 영어로 말할 때 so만 반복하기 쉬운데 so 대신 사용하기 아주 유용한 구문입니다.

That's why I like you. 그래서 난 네가 좋아.
That's why I'm not smoking anymore. 그래서 난 더 이상 담배를 안 피워.
That's why I can't tell you why. 그래서 내가 너에게 이유를 말할 수 없어.

I'm eating the honey-butter-coated chips, too!

저도 지금 허니버터 과자 먹고 있는데!

coat는 '겨울용 외투, 코트'라는 뜻 외에 뭔가를 '얇게 입히다'라는 뜻의 동사로도 쓰입니다. 연예인 사진 등을 '코팅한다'는 말도 그런 의미에서 비롯된 거예요. 단맛을 내기 위해 과자나 약에 설탕이나 초콜릿으로 층을 입히는 것도 coat를 써서 표현합니다. '설탕이 덧입혀진 알약'은 coated(겉에 바른[입힌])를 이용해서 sugar-coated pill이라고 합니다.

Try this caramel-coated popcorn. 이 카라멜 팝콘 한번 먹어봐.
Milk chocolate-coated potato chips? Sounds delicious!
밀크 초콜릿 입힌 감자칩이라고? 맛있겠는데!
This sponge cake is coated with chocolate.
이 스폰지케이크는 초콜릿이 입혀져 있어.

This one was actually very rare to find them when it first came out.

이거 처음 나왔을 때 구하는 게 정말 어려웠어.

과자나 자동차, 스마트폰 등 어떤 제품이 새로 '출시된다'고 할 때 come out을 씁니다. 최초의 스마트폰인 애플 아이폰이 처음 출시된 건 2007년이니까 The first iPhone came out in 2007.이라고 표현할 수 있어요.

The new sedan will come out next fall.
신형 승용차가 내년 가을에 출시될 거야.
Why don't you wait until a new version comes out?
새로운 버전이 나올 때까지 기다리지 그래?
A PC version of the game won't come out until next year.
그 게임 PC버전은 내년까지는 안 나올 겁니다.

As soon as they put them on the shelves... sold out!

진열대에 올리자마자… 다 매진!

soon은 '곧, 머지않아'라는 뜻이고, as soon as는 '~하자마자'라는 뜻이에요. as soon as는 접속사이므로 뒤에 절(주어+동사)이 옵니다. 또는 as soon as possible(가능한 한 빨리)처럼 쓰기도 해요. 이 표현은 워낙 자주 쓰다 보니 간단히 줄여서 ASAP라고 쓰기도 합니다.

Call me as soon as possible. 최대한 빨리 전화 주세요.
We will come back as soon as we can. 우리 최대한 빨리 돌아올게요.
I left my house as soon as I heard the news.
난 그 소식을 듣자마자 집을 나섰다.

Drill 1

학습한 내용을 응용하여 영작해보세요.

1

우리는 전에 서로 만난 적 없어.

보기 haven't, met, each, we, before, other

2

그래서 난 그녀를 믿을 수 없어.

보기 can't, that's, I, her, trust, why

3

그거 초콜릿 입힌 프라이드 치킨이야?

보기 chicken, chocolate-coated, is, fried, it

4

최초의 노트북 컴퓨터는 약 40년 전에 출시됐다.

보기 laptop, 40, ago, computer, about, the, came, first, years, out

5

가능한 한 빨리 백신을 맞으세요.

보기 vaccine, as, get, a, soon, can, as, you

Drill 2

영어를 가리고 한국어를 보면서 바로 말할 수 있는지 체크해보세요.

☐ 한국 과자 먹어본 적 있어?	Have you tried Korean snacks before?
☐ 그래서 내가 한국에서 좀 가져왔어.	That's why I brought some of them from Korea.
☐ 전에 이거 본 적 있어?	Have you seen these before?
☐ 저도 지금 허니버터 과자 먹고 있는데!	I'm eating the honey-butter-coated chips, too!
☐ 이거 처음 나왔을 때 구하는 게 정말 어려웠어.	This one was actually very rare to find them when it first came out.
☐ 진열대에 올리자마자… 다 매진!	As soon as they put them on the shelves… sold out!
☐ 그래서 난 네가 좋아.	That's why I like you.
☐ 최대한 빨리 전화 주세요.	Call me as soon as possible.

1 We haven't met each other before. **2** That's why I can't trust her. **3** Is it chocolate-coated fried chicken? **4** The first laptop computer came out about 40 years ago. **5** Get a vaccine as soon as you can.

해물파전 소개하기

비 오는 날에는 해물파전이 진리죠. 리나가 존슨 가족을 위해 해물파전을 만들고 있네요. 다들 한국 음식 체험에 신이 난 것 같은데요?

오늘은 제가 한국 요리를 대접해볼까 해요.

와, 너무 좋다! 뭐 대접할 거예요?

해물파전이요. 전 이제 슬슬 준비를 해야겠어요.

Live Talk

오늘의 대화문을 귀 기울여 들어보세요. 

Anna	What are you making, Lina?
Lina	I'm making *haemul pajeon*.
Anna	What's that? I've had a sandwich but that smells so good.
Lina	It's kind of like seafood pancake. I know that doesn't sound very delicious, but it's actually really good.
Caelyn	Hey, Lina! Tell Anna when we like to eat *haemul pajeon*.
Lina	That's right! Thanks, Caelyn. So, we eat this food a lot when it rains. Do you hear the sizzling sound?
Anna	Oh yes! It does kinda sound like rain.
Lina	Yeah. Because the sound reminds you of rain, we usually eat it on a rainy day. And we pair it with *makgeolli*, which is a Korean traditional rice wine.
Anna	Oh, I've never had *makgeolli*.
Lina	You know what? That's why I bought a bottle of *makgeolli* from a Korean grocer's!
Anna	Well, then I'll have the full experience!
Lina	Exactly.

kind of(=**kinda**) 약간, 어느 정도 **like** ~같은 **seafood** 해산물 **sizzling** 지글지글 소리 내는, 몹시 뜨거운 **remind A of B** A에게 B를 떠올리게 하다[상기시키다] **pair A with B** A와 B를 페어링하다[곁들이다] **traditional** 전통적인 **a bottle of** ~ 한 병 **grocer's**(= **grocery store**) 식료품점 **have the full experience** 제대로 즐기다

애나 리나, 뭐 만드니?

리나 해물파전 만들고 있어요.

애나 그게 뭐니? 샌드위치 먹었는데 냄새가 너무 좋은걸.

리나 해산물 팬케이크 같은 거예요. 말로만 들으면 그렇게 맛있을 거 같지 않지만, 사실 엄청 맛있어요.

케일린 리나! 애나에게 언제 해물파전이 당기는지도 알려줘요.

리나 맞다! 고마워요, 선생님. 비 오는 날에 파전을 많이 먹어요. 지글거리는 소리 들리죠?

애나 그렇네! 정말로 약간 빗소리 같구나.

리나 네. 이 소리가 비를 생각나게 해서 주로 비 오는 날에 먹어요. 그리고 한국 전통주인 막걸리를 곁들여 먹는답니다.

애나 오, 나 막걸리 먹어본 적 없는데.

리나 그럴 줄 알고 제가 한국 마트에서 한 병 사 왔죠!

애나 와! 제대로 경험해보겠는걸!

리나 그럼요.

Grammar Point

회화를 튼튼하게 해주는 문법 원 포인트 레슨을 확인해보세요.

현재완료: ~했다(결과)

현재완료형은 과거에 한 일이 현재 어떤 결과를 낳고 영향을 미칠 때도 씁니다. 예를 들어 I had a sandwich.라고 과거형으로 말하면 과거에 샌드위치를 먹었는데 지금 배가 부른지 아닌지는 알 수가 없어요. 그런데 I've had a sandwich.라고 현재완료로 말하면 과거에 샌드위치를 먹어서 현재 배가 부르다는 의미가 됩니다.

- **I've had a sandwich.**

현재완료: ~한 적 있다(경험)

현재완료 〈have p.p.〉는 '~한 적 있다'는 경험을 말할 때 쓴다고 했지요. '~한 적 없다'라고 하려면 〈have not p.p.〉 또는 〈have never p.p.〉를 사용합니다.

- **I've never had *makgeolli*.**

Expression Point

회화 실력을 업그레이드해주는 표현을 익혀보세요.

It's kind of like seafood pancake.

해산물 팬케이크 같은 거예요.

kind of 다음에 명사가 오면 '일종의 ~'이라는 뜻이에요. 뒤에 like가 붙으면 '일종의 ~ 같은', '어느 정도 ~과 비슷한'이라는 뜻입니다.

The iPad is kind of like a small computer.
아이패드는 일종의 작은 컴퓨터 같은 거야.

Chuseok is kind of like Korean Thanksgiving.
추석은 한국의 추수감사절 같은 거야.

➕ kind of 뒤에 형용사나 동사가 오면 '약간, 조금' 또는 '~인 편인'이라는 뜻이 됩니다.

It's kind of terrible. 그건 좀 끔찍해.
I kind of miss him. 난 그가 조금 그리워.

I know that doesn't sound very delicious.

말로만 들으면 그렇게 맛있을 거 같지 않죠.

sound 다음에 형용사가 오면 '~하게 들린다', '~인 것 같다'라는 뜻입니다. 따라서 doesn't sound very~는 '(들어보니) 아주 ~인 것 같지 않다'라는 의미가 됩니다.

That doesn't sound very interesting. 아주 흥미롭게 들리진 않네요.
It doesn't sound very promising. 그렇게 유망할 것 같진 않네요.
The idea doesn't sound very fantastic.
그 아이디어는 별로 환상적으로 들리진 않아요.

The sound reminds you of rain.

이 소리가 비를 생각나게 해요.

remind A of B는 'A에게 B를 떠올리게 하다[상기시키다]'라는 뜻입니다. 위 문장을 직역하면 '이 소리는 너에게 비를 떠올리게 한다'인데, 이 말은 '이 소리를 들으면 비가 생각난다'라고 할 수 있어요.

You remind me of my younger brother. 널 보면 내 남동생이 생각나.
Please don't remind me of my past. 제발 내 과거를 떠올리게 하지 마.
This picture reminds me of the good old days.
이 사진을 보면 좋았던 옛날이 생각난다.

We pair it with *makgeolli*.

우린 그것에 막걸리를 곁들인답니다.

pair A with B는 'A와 B를 짝을 맞추다'라는 뜻입니다. A와 B가 술과 음식이라면 흔히 말하는 '페어링하다(술과 음식의 궁합을 맞추다)'라는 뜻이 됩니다. A pair well with B 형태로 쓰면 'A는 B와 잘 어울린다'라는 뜻이에요. '파전과 막걸리', '화이트와인과 생선요리'처럼 궁합이 잘 맞는 음식에 사용해보세요.

I will teach you how to pair wine with food.
와인과 음식을 페어링하는 법을 가르쳐줄게.
White wines pair well with fish.
화이트와인은 생선과 잘 어울려.

I've never had *makgeolli*.

나 막걸리 먹어본 적 없는데.

'~한 적 있다'는 경험을 말할 때는 현재완료 〈have p.p.〉를 쓴다고 했지요. 반대로 '~한 적 없다'라고 하려면 〈have not p.p.〉 또는 〈have never p.p.〉를 사용합니다. 여기서는 I've never p.p.(나는 ~한 적 없어)를 연습해볼게요.

I've never been to Paris. 난 파리에 가본 적 없어.
I've never met her before. 난 전에 그녀는 만난 적 없어.
I've never married. 난 결혼한 적 없어.

Drill 1

학습한 내용을 응용하여 영작해보세요.

1 ______________________________

막걸리는 일종의 라이스(쌀) 와인 같은 거예요. **보기** is, of, like, kind, wine, *makgeolli*, rice

2 ______________________________

그건 별로 좋게 들리지 않네요. **보기** sound, it, nice, very, doesn't

3 ______________________________

이 책을 보면 내 학창시절이 생각난다. **보기** me, this, school, book, my, of, days, reminds

4 ______________________________

레드와인은 붉은 고기와 잘 어울린다. **보기** with, wine, red, pairs, meats, well, red

5 ______________________________

난 스페인에 가본 적이 없어. **보기** been, Spain, I've, to, never

Drill 2

영어를 가리고 한국어를 보면서 바로 말할 수 있는지 체크해보세요. 46 02

☐ 난 샌드위치를 먹었어.	I've had a sandwich.
☐ 해산물 팬케이크 같은 거예요.	It's kind of like seafood pancake.
☐ 말로만 들으면 그렇게 맛있을 거 같지 않죠.	I know that doesn't sound very delicious.
☐ 비 오는 날에 이 음식을 많이 먹어요.	We eat this food a lot when it rains.
☐ 지글거리는 소리 들리죠?	Do you hear the sizzling sound?
☐ 정말로 약간 빗소리 같구나.	It does kinda sound like rain.
☐ 이 소리가 비를 생각나게 해요.	The sound reminds you of rain.
☐ 우린 거기에 막걸리를 곁들인답니다.	We pair it with *makgeolli*.
☐ 나 막걸리 먹어본 적 없는데.	I've never had *makgeolli*.
☐ 제대로 경험해보겠는걸!	I'll have the full experience!

1 *Makgeolli* is kind of like rice wine. **2** It doesn't sound very nice. **3** This book reminds me of my school days. **4** Red wine pairs well with red meats. **5** I've never been to Spain.

장보기 전 냉장고 확인하기

장을 보러 가기 전에 필요한 목록을 꼼꼼히 확인해야 알뜰한 장보기가 가능하겠죠?
마이클도 엄청 꼼꼼한 것 같네요. 마이클과 리나의 대화를 들어봐요.

마이클이랑 같이 장 보러 가려고요.

선생님, 잠시 리나 좀 데려가도 될까요?

그럼요! 잘 다녀오세요!

Live Talk

오늘의 대화문을 귀 기울여 들어보세요. 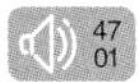

Michael	Before going grocery shopping, I need to know what we have left in the fridge first. Would you like to help, Lina?
Lina	Sure! What can I do for you?
Michael	I'll look through the refrigerator and tell you what we already have. Could you write it down?
Lina	I can do that!
Michael	Alright. We have three onions.
Lina	Three onions.
Michael	Four carrots.
Lina	Four carrots.
Michael	Two cartons of milk. Ten eggs and some fruit.
Lina	Okay. Do you think we'll have finished it by 3?
Michael	I doubt it. But we'll definitely have it finished by 3:20.
Lina	Okay. Let's speed up!

grocery 식료품점, 식료 및 잡화점 **go grocery shopping** 장 보러 가다 **fridge**(=**refrigerator**) 냉장고 **look through** ~을 살펴[훑어]보다 **write down** 적다, 써놓다 **carton** 상자, (우유) 팩 **doubt** 확신하지 못하다, 의심하다 **definitely** 확실히, 분명히, 틀림없이 **speed up** 속도를 내다

마이클	장 보러 가기 전에 냉장고에 뭐가 남았나 봐야겠구나. 리나, 나 좀 도와주겠니?
리나	물론이죠! 뭘 도와드릴까요?
마이클	내가 냉장고를 살펴보고 뭐가 있는지 말해줄게. 그걸 적어줄 수 있겠니?
리나	그럼요!
마이클	좋아. 양파 3개가 있고.
리나	양파 3개.
마이클	당근 4개.
리나	당근 4개.
마이클	우유 2통. 달걀 10개랑 과일도 좀 있네.
리나	3시까지 끝낼 수 있을까요?
마이클	안 되겠는데. 하지만 3시 20분까진 꼭 끝낼 거야.
리나	네. 속도 좀 내보자고요!

Grammar Point

회화를 튼튼하게 해주는 문법 원 포인트 레슨을 확인해보세요.

미래완료: (미래에) ~했을 것이다

영어에는 현재완료와 과거완료뿐만 아니라 '미래완료' 시제도 있습니다. 아이스크림을 같이 먹자고 동생을 불렀는데 동생은 1시간 뒤에 온대요. '그때쯤이면 아이스크림은 (내 뱃속으로) 사라지고 없을 거야.'라고 하려면 This ice cream will have gone by then.이라고 하면 됩니다. will have gone은 '이미 사라지고 없을 거야'라는 뜻으로 미래완료형입니다. 이처럼 미래완료는 〈will have p.p.〉 형태이며 '(미래 어느 시점에는) ~했을 것이다'라는 뜻이에요.

- **Do you think we'll have finished it by 3?**

Expression Point

회화 실력을 업그레이드해주는 표현을 익혀보세요.

I need to know what we have left in the fridge.

냉장고에 뭐가 남았나 알아봐야겠구나.

need to가 '~할 필요가 있다'는 뜻이므로 I need to know~는 '난 ~을 알아봐야 한다'는 뜻이에요. what we have left는 '우리가 무엇을 남겼는지', 즉 '뭐가 남았는지'로 이해하면 됩니다.

I need to know what he wants. 난 그가 뭘 원하는지 알아야 해.
I need to know about your parents. 난 너의 부모님에 대해 알아야 해.
What else do I need to know? 제가 또 뭘 알아야 하죠?

Would you like to help?

좀 도와주겠니?

Would you like to~?는 '~하고 싶어요?', '~하실래요?'라는 뜻으로 의미상으로는 Do you want to~?와 같지만 그보다 정중한 표현이라는 차이가 있어요. 친한 친구와의 대화라면 Do you want to~?가 어울리고, 정중하게 묻고 싶다면 Would you like to~?를 사용해보세요.

Would you like to eat some ice cream? 아이스크림 좀 드실래요?
Would you like to go for a walk? 산책 좀 하시겠어요?
What would you like to do? 뭘 하고 싶으세요?

I'll look through the refrigerator.

내가 냉장고를 살펴볼게.

through는 '~을 통해[관통하여]'라는 뜻으로 뭔가를 뚫고 지나가는 느낌이에요. 그래서 look through는 '~을 살펴보다, 훑어보다, 검토하다'라는 뜻입니다.

You may look through it if you want. 원한다면 그걸 살펴봐도 돼.
Did you look through this report? 이 보고서 살펴봤어요?
Look through the newspaper. 신문을 좀 훑어봐.

Do you think we'll have finished it by 3?

3시까지 끝날까요?

이 문장에서 will have finished는 미래완료형으로 '(미래에) 끝냈을 것이다'라는 뜻이에요. 미래완료형인 〈will have p.p.〉 형태를 문장 안에서 어떻게 사용하는지 좀더 살펴볼게요.

We'll have eaten it all by then. 그때까지는 다 먹었을 거야.
She will have retired by the end of next year.
그녀는 내년 말이면 은퇴해 있을 거야.
I will have finished my project by tomorrow.
내일이면 프로젝트가 끝나 있을 거야.

I doubt it.

안 되겠는데.

doubt은 '의심하다, 의문을 갖다'뿐만 아니라 '확신하지 못하다'라는 뜻도 있어요. 그래서 뭔가가 의심스럽거나 확신이 안 설 때 '안 될 것 같아.', '어려울 것 같아.'라는 의미로 I doubt it.이라는 표현을 자주 사용합니다.

I doubt they will help us. 그들이 우리를 도와줄지 의문이다.
I doubt we will see him again. 우리가 그를 다시 보게 될지는 모르겠어.
I doubt if we can reach our goal. 우리가 목표를 달성할 수 있을지 확신이 안 서네.

Drill 1

학습한 내용을 응용하여 영작해보세요.

1 ______________________________

그거 어떻게 사용하는지 알아봐야겠어. **보기** how, use, to, I, to, it, know, need

2 ______________________________

어디에 가고 싶으세요? **보기** like, where, to, you, go, would

3 ______________________________

우리는 이 웹사이트를 살펴볼 필요가 있어. **보기** need, we, to, look, website, through, this

4 ______________________________

그녀가 내 아이디어를 좋아할지 의문이다. **보기** like, I, she, will, idea, doubt, my

5 ______________________________

네가 다음에 그녀를 만날 때 그녀는 선생님이 돼 있을 거야.

보기 will, she, have, a, teacher, when, meet, her, you, next, become

Drill 2

영어를 가리고 한국어를 보면서 바로 말할 수 있는지 체크해보세요. 

☐ 냉장고에 뭐가 남았나 먼저 좀 알아봐야겠구나.	I need to know what we have left in the fridge first.
☐ 좀 도와주겠니?	Would you like to help?
☐ 내가 냉장고를 살펴볼게.	I'll look through the refrigerator.
☐ 우리한테 이미 뭐가 있는지 네게 말해줄게.	I'll tell you what we already have.
☐ 그걸 적어줄 수 있겠니?	Could you write it down?
☐ 3시까지 끝날까요?	Do you think we'll have finished it by 3?
☐ 안 되겠는데.	I doubt it.
☐ 3시 20분까진 꼭 끝낼 거야.	We'll definitely have it finished by 3:20.
☐ 속도 좀 내보자고요!	Let's speed up!

1 I need to know how to use it. **2** Where would you like to go? **3** We need to look through this website. **4** I doubt she will like my idea. **5** She will have become a teacher when you meet her next.

신선한 주스로 건강 챙기기

저런! 리나가 속이 안 좋아 입맛이 없군요. 뭘 먹어야 속을 좀 달랠 수 있을까요?
마침 애나가 신선한 주스를 만들고 있는 것 같으니 함께 가볼까요?

애나가 아침부터 부엌에서 무척 분주하네요?

주스를 만들고 있는 것 같아요. 한번 가볼게요.

Live Talk

Lina	Good morning, Anna. What are you making?
Anna	Oh, I'm making some fresh juice.
Lina	Which fruit are you using?
Anna	Well, I'm making a couple of different ones. Apple and kale, peach and lemon, and watermelon.
Lina	Wow! They all sound really good! But I have a peach allergy, so I guess I can't try peach and lemon.
Anna	Well, that's a shame. But the other ones will be better too.
Lina	Have you been making fresh juice for your family all the time?
Anna	Oh, I love making fresh juice. I also like making different combinations too.
Lina	You know, I've been trying to be health-conscious. Maybe I should make my own juice when I go back to Korea.
Anna	Well... I have to give you my special recipes, then.
Lina	Thank you!

fresh juice 생과일 주스 **a couple of** 몇몇의, 두세 개의 **allergy** 알레르기 **shame** 아쉬움, 애석함, 속상함, 유감 **all the time** 내내, 줄곧 **combination** 조합 **conscious** 의식하는, 특별한 관심이 있는 **health-conscious** 건강을 의식하는 **special** 특별한 **recipe** 요리법, 레시피

리나	애나, 좋은 아침이에요. 뭐 만들고 계세요?
애나	신선한 주스를 만들고 있단다.
리나	어떤 과일로 만드세요?
애나	음, 여러 조합으로 만들어보고 있어. 사과랑 케일, 복숭아랑 레몬, 그리고 수박도 넣고.
리나	와! 다 맛있겠어요! 근데 전 복숭아 알레르기가 있어서 복숭아랑 레몬 조합은 못 먹겠네요.
애나	오, 저런. 하지만 다른 건 더 맛있을 거야.
리나	항상 가족들을 위한 신선한 주스를 만들어오신 거예요?
애나	내가 신선한 주스 만드는 걸 정말 좋아해서. 다양한 조합으로 만드는 것도 좋아하고.
리나	저도 건강에 신경 쓰려고 노력하고 있어요. 한국에 돌아가면 직접 만들어 봐야겠어요.
애나	그럼 내가 특별 레시피를 알려줘야겠네.
리나	감사합니다!

Grammar Point

회화를 튼튼하게 해주는 문법 원 포인트 레슨을 확인해보세요.

현재완료진행: ~해오고 있다(계속)

'~해왔다'라고 과거부터 현재까지 계속 해온 일을 말할 때도 '현재완료'를 씁니다. 여기에 더해 지금 현재도 진행중인 일이라면 '현재완료진행'을 씁니다. 현재완료진행은 〈have been+동사-ing〉 형태이고 '예전부터 지금까지 계속해서 ~해오고 있다'는 뜻입니다. 애나가 가족들을 위해서 예전부터 현재까지 계속해서 신선한 주스를 만들어왔고 지금도 만들고 있기 때문에 현재완료진행인 have been making을 써서 물어본 거예요.

- **Have you been making fresh juice for your family?**
- **I've been trying to be health-conscious.**

Expression Point

회화 실력을 업그레이드해주는 표현을 익혀보세요.

I have a peach allergy.

전 복숭아 알레르기가 있어요.

allergy는 '알레르기'를 뜻하며 영어 발음은 '알레르기'가 아니라 '앨러지'입니다. 병이 있다고 할 때 동사 have를 썼었죠? 뭔가에 대한 알레르기가 있다고 말할 때도 have를 써서 I have ~ allergy라고 하면 됩니다.

I have a nut allergy. 저는 견과류 알레르기가 있어요.

I have a kiwi allergy. 난 키위 알레르기가 있어.

⊞ I have a ~ allergy를 I'm allergic to~라고 써도 같은 뜻입니다. 이때는 to 뒤에 복수 명사가 온다는 점에 주의하세요.

I'm allergic to peaches. 난 복숭아 알레르기가 있어.

I guess I can't try peach and lemon.

전 복숭아랑 레몬 조합은 못 먹겠네요.

try는 '시도하다', '시험 삼아 ~해보다'라는 뜻으로 많이 사용합니다. 그런데 try 뒤에 음식이 오면 '먹어보다'라는 뜻이 됩니다. 음료수가 오면 '마셔보다'가 되겠지요.

Try our new menu. 저희의 새로운 메뉴를 드셔보세요.

You should try this wine. 이 와인 한번 마셔봐.

⊞ '(옷 등을) 입어보다'라고 할 때도 try를 쓰는데, 이때는 뒤에 on이 붙어요.

I'll try on this hat. 제가 이 모자 한번 써볼게요.

Have you been making fresh juice?

신선한 주스를 계속 만들어오신 거예요?

현재완료진행인 〈have been+동사-ing〉를 의문문으로 만들 때는 have를 주어 앞에 써서 〈Have+주어+been+동사-ing?〉라고 합니다. 이때 뜻은 '계속 ~해온 거야?'가 됩니다. 어순이 복잡해 혼동될 수 있으니 〈Have you been+동사-ing?〉를 통으로 외워두는 게 좋습니다.

Have you been making Korean food? 줄곧 한국 음식을 요리해오신 거예요?
Have you been working out? 계속 운동을 해온 거야?
How long have you been living in Spain?
스페인에서 얼마 동안 사신 거예요?

I've been trying to be health-conscious.

저도 건강에 신경 쓰려고 계속 노력하고 있어요.

〈have been+동사-ing〉가 들어간 현재완료진행 문장입니다. 리사가 과거부터 지금까지 노력해 왔고 지금도 노력하고 있기 때문에 현재완료진행을 쓴 거예요. 현재완료진행의 쓰임을 좀 더 살펴보세요.

She has been teaching at the school for a long time.
그녀는 그 학교에서 오랫동안 가르쳐왔다.

He has been working for the company since he was 25.
그는 25살 때부터 그 회사에서 근무해왔다.

I have been running this shop since 2002.
나는 2002년부터 이 가게를 운영해왔다.

I've been trying to be health-conscious.

저도 건강에 신경 쓰려고 계속 노력하고 있어요.

conscious는 '의식하는', '특별한 관심이 있는'이라는 뜻이에요. 그래서 health-conscious는 '건강을 의식하는', '건강에 특별한 관심이 있는'이라는 뜻이 됩니다. 이처럼 의식하고 신경 쓰는 대상 뒤에 -conscious를 붙여서 한 단어처럼 쓰기도 합니다.

She is fashion-conscious. 그녀는 옷차림에 민감해.
He is not self-conscious. 그는 다른 사람의 시선을 신경 쓰지 않아.
+ 환경에 민감하다고 할 때는 environment-conscious가 아니라 environmentally conscious라고 한다는 점에 주의하세요.
Jimmy is environmentally conscious. 지미는 환경에 신경을 많이 써.

Drill 1

학습한 내용을 응용하여 영작해보세요.

1 ______________________________

나 갑각류 알레르기 있어. **보기** have, I, a, allergy, shellfish

2 ______________________________

이 쿠키 먹어봐도 되나요? **보기** try, I, can, cookies, these

3 ______________________________

태권도 수련 얼마 동안 해왔어? **보기** practicing, been, how, long, you, taekwondo, have

4 ______________________________

우리는 2019년 이후로 세계 여행을 해오고 있다.

보기 been, world, traveling, we, around, have, the, 2019, since

5 ______________________________

우리 아빠는 건강에 그다지 신경 쓰지 않으셔. **보기** very, dad, not, health-conscious, my, is

Drill 2

영어를 가리고 한국어를 보면서 바로 말할 수 있는지 체크해보세요.

☐ 신선한 주스를 만들고 있단다.	I'm making some fresh juice.
☐ 전 복숭아 알레르기가 있어요.	I have a peach allergy.
☐ 전 복숭아랑 레몬 조합은 못 먹겠네요.	I guess I can't try peach and lemon.
☐ 신선한 주스를 계속 만들어오신 거예요?	Have you been making fresh juice?
☐ 저도 건강에 신경 쓰려고 계속 노력하고 있어요.	I've been trying to be health-conscious.
☐ 다양한 조합으로 만드는 것도 좋아해.	I also like making different combinations too.
☐ 나만의 주스를 만들어봐야겠어요.	I should make my own juice.
☐ 내가 특별 레시피를 알려줘야겠네.	I have to give you my special recipes.

1 I have a shellfish allergy. **2** Can I try these cookies? **3** How long have you been practicing taekwondo? **4** We have been traveling around the world since 2019. **5** My dad is not very health-conscious.

채식으로 환경 보호 실천하기

미국 식당에서는 채식 음식을 많이 볼 수 있어요.
요즘은 우리나라에서도 채식 옵션을 선택할 수 있는
식당이 늘고 있는 추세지요. 리나와 제시카의 채식에 대한 대화를 들어볼까요?

두 사람 무슨 얘기 하고 있어요?

제가 요즘 채식에 관심이 많아서
그 얘기 중이었어요.

Live Talk

오늘의 대화문을 귀 기울여 들어보세요. 

Jessica	I've been trying to go vegan these days.
Lina	What? Going vegan sounds really hard.
Jessica	It is a challenge. But I read so many news articles and watched documentaries about how going vegan is a way to save the environment.
Lina	Wow, really? I didn't know that at all.
Jessica	You could reduce an individual's carbon footprint from food by up to around 70%.
Lina	Well then, let's make a vegan dish tonight!
Jessica	I found a recipe online for vegan Alfredo. Should we try it?
Lina	Yes. Let's try that.
Caelyn	Overhearing your conversation encouraged me to become vegan, too!
Jessica	Really? It's hard, but you should at least try.

vegan 엄격한 채식주의자(유제품, 생선, 달걀을 먹지 않음) **go vegan** 엄격한 채식주의자가 되다 **challenge** 도전, (굉장한 노력이 필요한) 문제 **article** (신문, 잡지의) 글, 기사 **documentary** 다큐멘터리 **environment** 환경 **at all** 전혀 **reduce by** ~만큼 줄이다 **individual** 개인 **carbon footprint** 탄소 발자국 **up to** ~까지 **online** 온라인에서 **overhear** 엿듣다 **encourage** 용기를 북돋우다, 격려하다

제시카	나 요즘 채식하려고 노력 중이야.
리나	정말? 채식이라니 어렵겠는걸.
제시카	어렵지. 하지만 채식이 환경 보호를 위한 방안이라는 내용의 뉴스와 다큐멘터리를 많이 봤거든.
리나	와, 정말? 전혀 몰랐어.
제시카	채식으로 음식의 탄소발자국을 약 70%까지 줄일 수 있어.
리나	그럼 오늘 저녁에 채식 음식을 만들어보자!
제시카	채식 알프레도 레시피를 온라인에서 찾았는데, 해볼까?
리나	좋아! 해보자.
케일린	대화를 듣다 보니 저도 채식을 하고 싶은 생각이 드는데요!
제시카	정말요? 어렵지만, 시도는 해보세요.

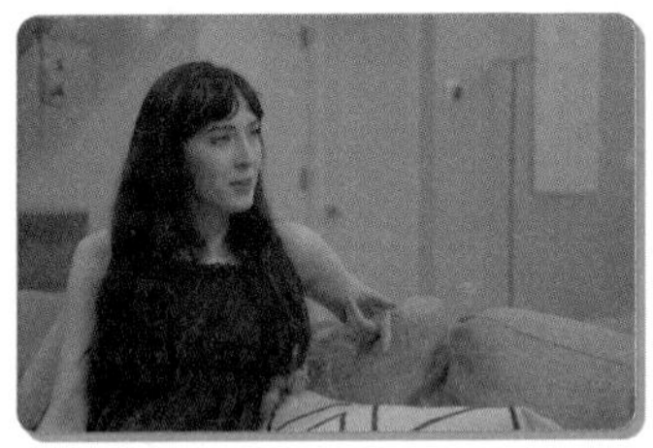

Grammar Point

회화를 튼튼하게 해주는 문법 원 포인트 레슨을 확인해보세요.

동명사의 주어 역할: ~하는 것은

'수영하는 것은 재미있다.'를 영어로 말할 때 주어를 어떻게 표현해야 할까요? '수영하다'는 swim이고 '수영하는 것'은 동명사 swimming이므로 Swimming is fun.이라고 하면 됩니다. 이처럼 영어에서 주어 자리에는 명사나 대명사뿐만 아니라 동명사(동사-ing)가 오기도 합니다. '~하는 것은'이라는 주어를 만들 때 동사에 -ing를 붙인 동명사를 사용해보세요. 다음 문장에서도 '채식주의자가 되는 것은'이라는 주어를 만들기 위해 동명사 going을 이용한 거예요.

- **Going vegan sounds really hard.**
- **Going vegan is a way to save the environment.**
- **Overhearing your conversation encouraged me to become vegan.**

Expression Point

회화 실력을 업그레이드해주는 표현을 익혀보세요.

Going vegan is a way to save the environment.

채식이 환경 보호를 위한 방안이야.

going vegan은 '채식주의자가 되는 것은'이라는 뜻으로 위 문장에서 주어 역할을 하고 있어요. 이렇게 동명사를 주어로 사용하는 방법을 좀더 연습해볼게요.

Playing baseball is fun. 야구하는 건 즐거워.
Climbing mountains is good exercise. 등산은 좋은 운동입니다.
Mastering a foreign language is difficult. 외국어를 마스터하기란 어렵다.

Going vegan is a way to save the environment.

채식이 환경 보호를 위한 방안이야.

way는 '길'뿐만 아니라 '방법'이라는 뜻도 있습니다. 그래서 〈a way to 동사원형〉 하면 '~하는 방법'이라는 뜻이 됩니다. a way to fight(싸우는 방법), a way to win(이기는 방법)과 같이 뒤에 다양한 동사를 붙여서 사용해보세요.

There must be a way to fight climate change.
기후 변화에 맞서는 방법이 분명히 있을 거야.
Is there a good way to raise money? 돈을 모을 좋은 방법이 있어?
Let's think about a way to save the Earth. 지구를 살리는 방법을 생각해보자.

You could reduce it by up to around 70%.

그것을 약 70%까지 줄일 수 있어.

reduce는 규모나 크기, 양 등을 '줄이다'라는 뜻입니다. 이때 얼마큼 줄이는지 구체적으로 수치를 밝힐 때는 reduce 뒤에 by를 붙여서 표시해줍니다.

Our company has reduced its budget by 25%.
우리 회사는 예산을 25% 삭감했다.

The new accounting system will reduce the cost by 10%.
새로운 회계 시스템이 비용을 10% 줄여줄 것이다.

We have to reduce its weight by half.
우리 그것의 무게를 절반으로 줄여야 해.

I found a recipe online for vegan Alfredo.

채식 알프레도 레시피를 온라인에서 찾았어.

포털과 블로그, 소셜미디어 등 온라인에 정보가 넘쳐나는 시대인 만큼 '온라인에서 뭔가를 찾았다'는 표현을 자주 쓰지요. 이때는 found ~ online(인터넷[온라인]에서 ~을 찾았어)이라고 하면 됩니다. found는 find의 과거형이에요.

I found your resume online.	온라인에서 당신의 이력서를 찾았어요.
She found the picture online.	그녀가 인터넷에서 그 사진을 찾았어요.
Did you find anything important online?	인터넷에서 중요한 걸 좀 찾았니?

That encouraged me to become vegan, too! 저도 채식을 하고 싶은 생각이 드는데요!

courage는 '용기'라는 뜻이고, 앞에 en-이 붙은 encourage는 '용기를 북돋다, 격려하다'라는 뜻이에요. 〈encourage A to B〉는 'A가 B할 생각이 들게 만들다[격려하다]'라는 뜻입니다. A 자리에는 '사람'을, B 자리에는 동사원형을 쓰면 됩니다.

Television commercials encourage people to spend more.
TV 광고는 사람들이 더 소비하도록 부추긴다.

We encourage all students to do their best.
우리는 모든 학생들이 최선을 다하도록 독려한다.

How can we encourage more people to vote?
어떻게 하면 더 많은 사람들이 투표하도록 독려할 수 있을까?

Drill 1

학습한 내용을 응용하여 영작해보세요.

1 ______________________

아침을 거르는 건 건강에 안 좋아. **보기** your, breakfast, bad, for, skipping, is, health

2 ______________________

비용을 줄이는 더 좋은 방법이 있어. **보기** way, there, cut, is, to, costs, better, a

3 ______________________

우리는 내년까지 음식물 쓰레기를 30% 줄일 것이다.

보기 reduce, we, food, by, until, 30%, year, will, waste, next

4 ______________________

온라인에서 이 영상을 찾았어. **보기** video, I, this, online, found

5 ______________________

저는 남편이 채소를 더 많이 먹도록 독려할 거예요.

보기 more, I'll, my, eat, husband, to, vegetables, encourage

Drill 2

영어를 가리고 한국어를 보면서 바로 말할 수 있는지 체크해보세요. 49 02

□ 나 요즘 채식하려고 노력 중이야.	I've been trying to go vegan these days.
□ 채식이라니 어렵겠는걸.	Going vegan sounds really hard.
□ 채식이 환경 보호를 위한 방안이야.	Going vegan is a way to save the environment.
□ 전혀 몰랐어.	I didn't know that at all.
□ 그것을 약 70%까지 줄일 수 있어.	You could reduce it by up to around 70%.
□ 채식 알프레도 레시피를 온라인에서 찾았어.	I found a recipe online for vegan Alfredo.
□ 대화를 듣다 보니 저도 채식을 하고 싶은 생각이 드는데요!	Overhearing your conversation encouraged me to become vegan!
□ 지구를 살리는 방법을 생각해보자.	Let's think about a way to save the Earth.

1. Skipping breakfast is bad for your health. **2** There is a better way to cut costs. **3** We will reduce food waste by 30% until next year. **4** I found this video online. **5** I'll encourage my husband to eat more vegetables.

전화로 피자 주문하기

샘이 출출한 모양이에요. 오늘의 메뉴는 피자 당첨!
배달 시간은 얼마나 걸리고, 결제는 어떻게 하는지 전화로 주문하는 상황을 함께 볼까요?

피자 시켜서 리나와 나눠 먹어야지.

뉴욕 피자입니다.
뭘 도와 드릴까요?

Live Talk

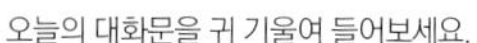

Sam — Hello? Is this NY Pizza?
I want to order one large pepperoni pizza and one large margherita pizza, please.

NY Pizza — OK, what's your address?

Sam — It's 345 L***** Avenue, Tenafly.

NY Pizza — OK, sir. It'll take about 30 to 40 minutes to get delivered.

Sam — Okay. Thank you!

NY Pizza — How would you like to pay?

Sam — Is it okay to pay the delivery person with a credit card?

NY Pizza — Sure. Is that all?

Sam — That's all. Thanks.

Sam — It's the pizza delivery!

order 주문하다 **address** 주소 **avenue** (도시의) 거리, ~가 **take** (얼마만큼의 시간이) 걸리다 **get delivered** 배달되다, 배달받다 **pay** 지불하다, 결제하다 **delivery** 배달, 전달 **delivery person** 배달원 **credit card** 신용카드

샘 여보세요? 뉴욕 피자죠?
라지 페퍼로니 피자랑 라지 마르게리타 피자 주문하려고요.

뉴욕 피자 네, 주소가 어떻게 되죠?

샘 테너플라이, 로*** 애비뉴 345번지예요.

뉴욕 피자 네. 배달되는 데 30분에서 40분 정도 걸릴 거예요.

샘 네. 감사합니다!

뉴욕 피자 계산은 어떻게 하시겠어요?

샘 배달원에게 신용카드로 결제해도 되나요?

뉴욕 피자 그럼요. 그게 다인가요?

샘 다예요. 감사합니다.

샘 피자 왔어!

Grammar Point

회화를 튼튼하게 해주는 문법 원 포인트 레슨을 확인해보세요.

to부정사의 주어 역할: ~하는 것은

영어 문장의 주어 자리에 명사와 대명사 말고 동명사를 쓸 수 있다고 했지요? 그런데 동명사 외에 to부정사도 주어로 쓸 수 있어요. 'to부정사'는 〈to+동사원형〉 형태를 말해요. to부정사도 동명사처럼 '~하는 것'이라는 뜻으로 쓰여요. 그런데 to부정사가 주어 역할을 할 때는 위치만 잡아주는 가짜 주어 It이 문장 앞에 나오고 의미상 진짜 주어인 to 이하 부분을 문장 뒤로 뺄 때가 많아요. 다음 문장에서도 진짜 주어인 to get delivered는 뒤로 빼고 가짜 주어인 it을 문장 앞에 사용했어요.

- **It'll take about 30 to 40 minutes to get delivered.**
- **Is it okay to pay the delivery person with a credit card?**

Expression Point

회화 실력을 업그레이드해주는 표현을 익혀보세요.

Hello? Is this NY Pizza?

여보세요? 뉴욕 피자죠?

전화로 자신이 누구인지 말할 때는 I am~ 대신 This is~를 씁니다. 마찬가지로 전화로 상대방이 누구인지 물을 때는 Are you~? 대신 Is this~?를 사용합니다.

Hello, is this Mr. Smith? 여보세요, 스미스 씨 계세요?
Hello? is this Country Fried Chicken? 여보세요? 컨트리 프라이드 치킨이죠?
Hello? Is this the White House? 여보세요? 거기 백악관이죠?

I want to order one large pepperoni pizza, please.

라지 페퍼로니 피자 주문하려고요.

영어로 음식을 주문하는 것이 어렵다고요? I want to order 뒤에 주문하고 싶은 음식의 이름만 붙여주면 됩니다. order에는 '명령하다' 말고 '주문하다'라는 뜻도 있거든요. 문장 끝에 please를 붙이면 좀더 공손한 어조가 됩니다.

I want to order kimchi jjigae. 김치찌개를 주문하고 싶어요.
I want to order two iced lattes, please. 아이스라테 두 개 주문할게요.
I want to order one deluxe cheeseburger and a small coke.
디럭스 치즈버거 하나하고 콜라 작은 거 하나 주문할게요.

It'll take about 30 to 40 minutes to get delivered.

배달되는 데 30분에서 40분 정도 걸릴 거예요.

take는 뜻이 아주 많은데 '(시간이) ~ 걸리다'라는 뜻으로도 쓰입니다. 이때 주어 위치에는 It이 오고 실질적인 주어는 문장 뒤쪽에 to부정사 형태로 오는 경우가 많습니다. 즉, 위 문장에서 진짜 주어는 to get delivered(배달되는 것은)입니다.

It takes about three hours to climb the mountain.
그 산에 오르는 데 3시간 정도 걸려.

It took us four years to travel around the world.
우리가 세계 여행을 하는 데 4년 걸렸어.

It will take two more months for him to finish this course.
그가 이 과정을 끝내려면 두 달이 더 걸릴 거야.

How would you like to pay?

계산은 어떻게 하시겠어요?

How would you like to~?는 '어떻게 ~하고 싶나요?', '어떻게 ~하시겠어요?'라는 뜻입니다. 특히 식당 등의 업체에서 서비스를 제공하면서 손님이 원하는 방식을 물을 때 자주 사용합니다. 계산 방법, 조리 방법, 배송 방법 등을 물을 때 사용하기 좋은 표현이에요.

How would you like to have your steak? 스테이크를 어떻게 해드릴까요?
How would you like to receive the parcel? 소포를 어떻게 받으시겠어요?
How would you like to contact us? 저희와 어떻게 연락하시겠어요?

Is it okay to pay the delivery person with a credit card?

배달원에게 신용카드로 결제해도 되나요?

Is it okay to~?는 '~해도 괜찮을까요?' 하고 허락을 구할 때 쓰는 표현입니다. to 이하가 진짜 주어이고 it은 진짜 주어 대신 쓰인 가짜 주어예요. pay 다음에 사람이 오면 '그 사람에게 지불하다'라는 뜻입니다.

Is it okay to pay online? 온라인으로 결제해도 괜찮나요?
Is it okay to travel this summer? 이번 여름에 여행해도 괜찮을까요?
Is it okay to check out a little later?
(호텔에서) 조금 이따가 체크아웃해도 될까요?

Drill 1

학습한 내용을 응용하여 영작해보세요.

1 ______________________

여보세요? 피자킹이죠? **보기** this, Pizza King, is, hello

2 ______________________

제 학생들을 위해 교과서를 더 주문하고 싶어요.

보기 want, my, to, I, order, for, students, textbooks, more

3 ______________________

거기까지 가는 데 차로 다섯 시간쯤 걸릴 거야.

보기 get, it, five, hours, will, about, take, car, to, there, by

4 ______________________

커피 어떻게 해드릴까요? **보기** have, would, your, like, you, to, coffee, how

5 ______________________

자기 전에 먹어도 괜찮나요? **보기** is, before, it, to, bedtime, eat, okay

Drill 2

영어를 가리고 한국어를 보면서 바로 말할 수 있는지 체크해보세요. 

□ 여보세요? 뉴욕 피자죠?	Hello? Is this NY Pizza?
□ 라지 페퍼로니 피자 주문하려고요.	I want to order one large pepperoni pizza, please.
□ 배달되는 데 30분에서 40분 정도 걸릴 거예요.	It'll take about 30 to 40 minutes to get delivered.
□ 계산은 어떻게 하시겠어요?	How would you like to pay?
□ 배달원에게 신용카드로 결제해도 되나요?	Is it okay to pay the delivery person with a credit card?
□ 그게 다인가요?	Is that all?
□ 스테이크를 어떻게 해드릴까요?	How would you like to have your steak?
□ 온라인으로 결제해도 괜찮나요?	Is it okay to pay online?

1 Hello? Is this Pizza King? **2** I want to order more textbooks for my students. **3** It will take about five hours by car to get there. **4** How would you like to have your coffee? **5** Is it okay to eat before bedtime?

배달 앱으로 음식 주문하기

음식 주문할 때 배달 앱을 많이 사용하죠? 확실히 앱을 사용하면 전화하는 것보다 편해요.
오늘은 리나와 제시카가 저녁거리를 배달 앱으로 주문한다고 하네요.

앱으로 저녁 주문하려던 참이에요. 

 미국에서 배달 앱 주문은 처음 아니에요?

다행히 제시카가 도와주기로 했어요. 

Live Talk

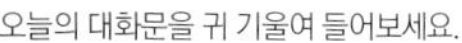

Lina	I'm not used to using delivery apps.
Jessica	Don't worry. I'm here.
Lina	Oh, I know.
Jessica	Okay, let's log on to my account first.
Lina	Great. Delivery address is correct. Now… Where's that Thai restaurant you talked about before? Oh, here it is. Now, I'm gonna choose some appetizers and main dishes to share.
Jessica	Yeah.
Lina	Okay. Two tom yum goong and one papaya salad to start and… One beef pad see ew and one shrimp pad thai and grilled chicken.
Jessica	Why do you keep adding dishes? We can't eat them all.
Lina	Don't underestimate us. We can do it!
Jessica	Okay. Okay, all you have to do now is to check out!
Lina	Okay.
Jessica	I have my credit card information stored on the app, so just click on Place Order.
Lina	Okay. Place Order. I did it!
Lina & Jessica	Food! Food! Food!

be used to ~에 익숙하다 **delivery apps** 배달 앱 **log on to** ~로 로그인하다 **account** 계정 **delivery address** 배달 주소 **Thai** 타이의, 태국의 **appetizer** 애피타이저, 전채 **share** 나누다, 함께 쓰다 **grilled** 구운 **underestimate** 과소평가하다 **check out** 계산하다 **store** 저장하다

리나	난 배달 앱 쓰는 게 익숙하지가 않아.
제시카	걱정하지 마. 내가 있잖아.
리나	알지.
제시카	그럼, 우선 내 계정으로 로그인하고.
리나	좋아. 배달 주소는 맞고. 자… 네가 전에 말한 태국 음식점은 어디 있어? 아, 여기 있구나. 이제 같이 먹을 애피타이저랑 메인 요리 몇 개 고를게.
제시카	좋아.
리나	그럼. 우선 똠얌꿍 둘, 파파야 샐러드 하나... 소고기 팟씨유 하나, 새우 팟타이 하나랑 바비큐 치킨도.
제시카	왜 음식을 계속 담아? 우리 그거 다 못 먹어.
리나	우릴 과소평가하지 마. 다 먹을 수 있어!
제시카	알았어. 자, 이제 계산만 하면 돼!
리나	응.
제시카	신용카드 정보는 앱에 저장되어 있으니까 '주문하기'만 누르면 돼.
리나	응. '주문하기'. 했어!
리나&제시카	밥! 밥! 밥!

Grammar Point

회화를 튼튼하게 해주는 문법 원 포인트 레슨을 확인해보세요.

동명사의 목적어 역할: ~하는 것을

'목적어'는 문장에서 '~을[를]'에 해당하는 부분을 말해요. 동사 중에는 목적어로 to부정사를 쓰는 동사도 있고, 동명사(동사-ing)를 쓰는 동사도 있어요. 동명사를 목적어로 갖는 동사에는 keep -ing(~하는 것을 계속하다), stop -ing(~하는 것을 그만두다), finish -ing(~하는 것을 끝내다) 등이 있어요.

- **Why do you keep adding dishes?**

Expression Point

회화 실력을 업그레이드해주는 표현을 익혀보세요.

I'm not used to using delivery apps.

난 배달 앱 쓰는 게 익숙하지가 않아.

used to는 '과거에 ~하곤 했다'라는 뜻인데, 앞에 be동사가 붙으면 뜻이 달라집니다. be used to는 '~에 익숙하다'라는 뜻입니다. 뒤에는 주로 동명사나 명사가 옵니다.

She is used to studying late at night. 그녀는 밤늦게 공부하는 것에 익숙하다.
They are used to traveling by car. 그들은 자동차 여행에 익숙하다.
I'm not used to waking up early. 전 일찍 일어나는 데 익숙하지 않아요.

Let's log on to my account first.

우선 내 계정으로 로그인하자.

소셜미디어 등에 ID와 비밀번호를 입력해 접속하는 것을 '로그인'한다고 하지요. 영어로는 이것을 log on 또는 log in이라고 합니다. 어디에 로그인하는지 밝히려면 to를 붙여서 log on to~ 또는 log in to~라고 합니다. 요즘엔 log onto, log into처럼 붙여서 쓰기도 해요.

I can't log on to my Facebook account. 내 페이스북 계정에 로그인이 안 돼.
You have to log on to our website, at least once a week.
일주일에 적어도 한 번은 저희 웹사이트에 접속하셔야 합니다.

⊞ 우리말로 '로그아웃하다'에 해당하는 영어 표현은 log off 또는 log out입니다.

I logged out of my online account. 나는 내 온라인 계정에서 로그아웃했다.
Don't forget to log off when you are not using your social media.
소셜미디어를 사용하지 않을 때는 로그아웃하는 걸 잊지 마세요.

I'm gonna choose some appetizers and main dishes to share.

같이 먹을 애피타이저랑 메인 요리 몇 개 고를게.

gonna는 going to를 줄인 말이라고 했죠? 식당에서 메뉴를 보고 뭘 먹을까 고민하다가 '난 이걸로 할래.'라고 할 때 쓰는 표현이 I'm gonna choose~입니다. 물론 주문하는 방법이 한 가지만 있는 건 아닙니다. I will have~ 또는 I will go for~라고 해도 됩니다.

I'm gonna choose **the steak.** 전 스테이크로 할래요.
I'm gonna choose **the chocolate cake.** 저는 초콜릿 케이크로 할게요.
I'm gonna choose **the tuna salad.** 저는 참치 샐러드로 하겠습니다.

Why do you keep adding dishes?

왜 음식을 계속 담아?

keep에는 '계속하다'라는 뜻이 있습니다. 무엇을 계속하는지 말하려면 keep은 동명사를 목적어로 취하는 동사이므로 keep 뒤에 동명사를 붙입니다. 즉, 〈keep+동사-ing〉는 '~하는 것을 계속하다', '계속해서 ~하다'라는 뜻입니다.

He kept **calling me "idiot."** 그는 계속해서 날 '멍청이'라고 불렀다.
They kept **waiting outside.** 그들은 밖에서 계속 기다렸어.
+ 목적어로 동명사를 취하는 동사 중에는 stop(멈추다)과 finish(끝내다)도 있어요.
I finished **ordering food.** 난 음식 주문을 끝냈다.
I'm going to stop **ordering food.** 난 음식 그만 주문할 거야.

All you have to do now is to check out!

이제 계산만 하면 돼!

have to가 '~해야 한다'이므로 All you have to do is~는 '네가 해야 할 모든 일은 ~야'라는 뜻이에요. 이 말을 자연스럽게 의역하면 '넌 ~만 하면 돼'입니다. 해야 할 일이 많지 않다는 느낌을 주는 표현입니다.

All you have to do is **to smile.** 당신은 미소만 지으면 돼요.
All you have to do is **to follow me.** 당신은 나만 따라오면 돼요.
All you have to do is **to download it on your smartphone.**
스마트폰에 그걸 다운로드만 하면 됩니다.

Drill 1

학습한 내용을 응용하여 영작해보세요.

1 ____________________

나는 술 마시는 것에 익숙하지 않았다. **보기** I, drinking, used, liquor, to, was, not

2 ____________________

난 네 비밀번호를 이용해 거기에 접속했어. **보기** your, using, password, I, on, logged, to, it

3 ____________________

전 피시앤칩스로 할래요. **보기** fish and chips, choose, I'm, the, gonna

4 ____________________

내 상사가 하루 종일 내게 계속 질문을 했다.

보기 questions, my, kept, boss, asking, all, day, me

5 ____________________

당신은 주의 깊게 듣기만 하면 돼. **보기** carefully, all, to, is, you, do, listen, have, to

Drill 2

영어를 가리고 한국어를 보면서 바로 말할 수 있는지 체크해보세요. 

☐ 난 배달 앱 쓰는 게 익숙하지가 않아.	I'm not used to using delivery apps.
☐ 우선 내 계정으로 로그인하자.	Let's log on to my account first.
☐ 같이 먹을 애피타이저랑 메인 요리 몇 개 고를게.	I'm gonna choose some appetizers and main dishes to share.
☐ 왜 음식을 계속 담아?	Why do you keep adding dishes?
☐ 이제 계산만 하면 돼!	All you have to do now is to check out!
☐ 전 일찍 일어나는 데 익숙하지 않아요.	I'm not used to waking up early.
☐ 전 스테이크로 할래요.	I'm gonna choose the steak.
☐ 난 음식 그만 주문할 거야.	I'm going to stop ordering food.
☐ 당신은 미소만 지으면 돼요.	All you have to do is to smile.

정답 **1** I was not used to drinking liquor. **2** I logged on to it using your password. **3** I'm gonna choose the fish and chips. **4** My boss kept asking me questions all day. **5** All you have to do is to listen carefully.

애나의 장바구니 하울

애나가 가족들을 위해 잔뜩 장을 봐 왔어요.
애정이 듬뿍 담긴 엄마의 장바구니에는 뭐가 들었을까요?
애나의 브이로그를 함께 보시죠.

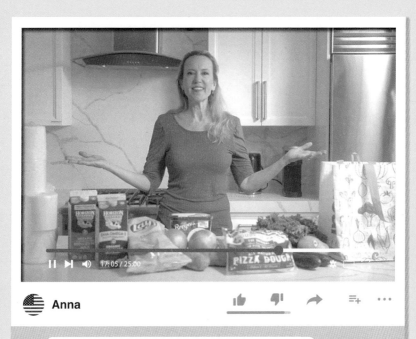

안녕하세요, 여러분! 오늘은 제가 장바구니 하울을 해보려고 해요!
제가 오늘 뭘 사 왔는지 같이 보시겠어요?

Live Talk

오늘의 대화문을 귀 기울여 들어보세요. 

Anna

I went grocery shopping and got a bunch of stuff.
I got these boxes of macaroni and cheese which are perfect for a quick breakfast.
We need to stock up on onions, potatoes, celery, carrots, and zucchini.
It's always nice to have fresh produce ready.
I also got some fresh fruit. Look at these beautiful apples!
Sam wanted some potato chips and mint chocolate ice cream. But they didn't have any mint chocolate ice cream, so I got vanilla ice cream instead.
Oh! We like to make our own pizza, so I got some ready-to-bake pizza dough.
And here we have some milk. My kids love milk, so I got two cartons.
I like to stock up on toilet paper, so I got 18 rolls today. That's it!

go grocery shopping 장 보러 가다 **a bunch of stuff** 많은 것들 **be perfect for** ~으로 완벽하다 **stock up on** ~을 쟁여놓다 **zucchini** 주키니, 애호박 **instead** 대신에 **ready-to-bake** 즉석에서 굽는 **dough** 밀가루 반죽 **carton** (우유) 팩, 통 **toilet paper** (화장실용) 휴지 **roll** 두루마리

애나 　오늘 장 보러 가서 많은 걸 사 왔어요.
간단한 아침 식사로 딱인 마카로니 앤 치즈 몇 상자를 샀어요.
양파, 감자, 셀러리, 당근, 주키니를 쟁여야 해요.
신선한 과일과 채소를 준비해두면 늘 좋죠.
신선한 과일도 좀 샀답니다. 사과 예쁜 것 좀 보세요!
샘이 감자칩이랑 민트 초콜릿 아이스크림을 먹고 싶어 했어요.
민트 초콜릿 아이스크림이 없어서 대신 바닐라 맛으로 골랐어요.
아! 우린 피자를 만들어 먹는 걸 좋아해서 즉석 반죽을 사 왔어요.
그리고 우유도 샀는데요. 애들이 우유를 너무 좋아해서 2통을 샀어요.
화장지를 비축해두고 싶어서 18롤을 구매했어요. 이게 다랍니다!

Grammar Point

회화를 튼튼하게 해주는 문법 원 포인트 레슨을 확인해보세요.

to부정사의 목적어 역할: ~하는 것을

to부정사는 문장에서 동사의 목적어 역할도 해요. need to부정사(~할 필요가 있다), want to부정사(~하고 싶다), plan to부정사(~할 계획이다) 등과 같이 to부정사를 목적어로 취하는 동사들이 있어요. 목적어로 to부정사와 동명사를 모두 취하는 동사도 있어요. 대표적인 동사가 like입니다. '나는 수영을 좋아해.'를 영어로 말할 때 I like swimming.과 I like to swim.이 모두 가능합니다.

- **We need to stock up on onions.**
- **We like to make our own pizza.**
- **I like to stock up on toilet paper.**

Expression Point

회화 실력을 업그레이드해주는 표현을 익혀보세요.

I got these boxes of macaroni and cheese.

마카로니 앤 치즈 몇 상자를 샀어요.

우리말로도 '한 병', '한 상자'처럼 담겨진 용기를 이용해 개수를 세듯이 영어도 마찬가지입니다. 보통 커피는 a cup of coffee(커피 한 잔), 와인은 a glass of wine(와인 한 잔)과 같이 말해요. 상자에 담긴 물건의 경우 a box of~(~ 한 상자)를 이용해 말하면 됩니다.

The prize was a box of butter cookies. 상품은 버터쿠키 한 상자였어.
We ordered a few boxes of pizza. 우리는 피자 몇 상자를 주문했다.
I bought a box of chocolate for my girlfriend.
여자친구를 위해 초콜릿 한 상자를 샀어.

These are perfect for a quick breakfast.

이것들이 간단한 아침 식사로 딱이죠.

perfect은 '완벽한'이라는 형용사예요. 그래서 be perfect for~라고 하면 '~으로[하기에] 완벽하다'라는 뜻입니다. 우리말의 '안성맞춤'이라는 표현과 비슷한 어감입니다.

Chocolate is perfect for a snack. 초콜릿은 간식으로 완벽해요.
The weather is perfect for hiking. 하이킹하기 딱 좋은 날씨네.
This land is perfect for farming. 이 땅은 농사짓기 안성맞춤이야.

We need to stock up on onions.

양파를 쟁여둬야 해요.

stock은 '비축물, 재고'라는 명사로도 쓰이고 '(필요한 물품을) 갖추다, 채우다'라는 동사로도 쓰여요. 그래서 stock up on이라고 하면 '~을 (많이 사서) 쟁여놓다'라는 뜻이 됩니다. 비상사태에 대비해 식량이나 물 등을 '비축한다, 사재기한다'고 할 때도 이 표현을 씁니다.

It's time to stock up on food and water.	음식과 물을 비축해야 할 때야.
I always stock up on snacks.	난 항상 간식거리를 쟁여둔다.
He asked us to stock up on fuel. 그는 우리에게 연료를 비축할 것을 요청했다.	

It's always nice to have fresh produce ready.

신선한 과일과 채소를 준비해두면 늘 좋죠.

have A ready는 'A를 준비해두다'라는 뜻입니다. produce는 '생산하다'라는 동사로도 쓰이지만 여기서는 채소나 과일 등의 '농작물'이라는 명사로 쓰였어요. 이렇게 명사로 쓰일 때는 1음절에 강세가 있어요.

Please have change ready.	잔돈 준비해주세요.
Do you have everything ready?	준비 다 됐어?
I'll have your car ready.	차 준비시켜 놓을게요.

We like to make our own pizza.

우린 피자를 만들어 먹는 걸 좋아해요.

like to~는 '~하는 것을 좋아한다'라는 뜻이에요. like 뒤에는 to부정사와 동명사가 모두 목적어로 올 수 있어요. 이번에는 to부정사가 오는 형태를 연습해봐요.

I like to play with my cat.	난 내 고양이랑 노는 걸 좋아해.
We like to cook our own meals.	우린 음식을 직접 만들어 먹는 걸 좋아해요.
She likes to dance in the rain.	그녀는 빗속에서 춤추는 거 좋아해.

Drill 1

학습한 내용을 응용하여 영작해보세요.

1 ______________________________

티슈 몇 박스 사는 거 잊지 마. **보기** buy, don't, to, a, boxes, few, tissues, forget, of

2 ______________________________

이 프로젝트에는 네가 딱인 것 같아. **보기** I, are, perfect, you, for, project, think, this

3 ______________________________

물 사재기 좀 하지 마세요. **보기** up, on, stock, water, don't

4 ______________________________

티켓 좀 준비해주세요. **보기** tickets, your, please, ready, have

5 ______________________________

우리 엄마는 스파게티 요리하는 걸 좋아해. **보기** cook, mom, my, to, spaghetti, likes

Drill 2

영어를 가리고 한국어를 보면서 바로 말할 수 있는지 체크해보세요. 52 02

☐	오늘 장 보러 가서 많은 걸 사 왔어요.	I went grocery shopping and got a bunch of stuff.
☐	마카로니 앤 치즈 몇 상자를 샀어요.	I got these boxes of macaroni and cheese.
☐	이것들이 간단한 아침 식사로 딱이죠.	These are perfect for a quick breakfast.
☐	우리는 양파를 쟁여둬야 해요.	We need to stock up on onions.
☐	신선한 과일과 채소를 준비해두면 늘 좋죠.	It's always nice to have fresh produce ready.
☐	우린 피자를 만들어 먹는 걸 좋아해요.	We like to make our own pizza.
☐	그래서 즉석 피자 반죽을 사 왔어요.	So I got some ready-to-bake pizza dough.
☐	화장지를 비축해두길 좋아해요.	I like to stock up on toilet paper.
☐	(우유) 두 통을 샀어요.	I got two cartons.

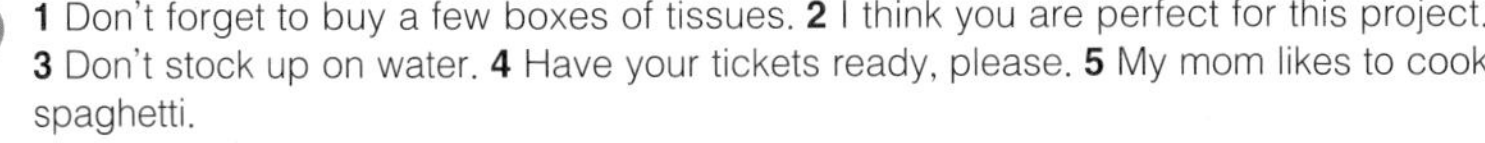

정답 **1** Don't forget to buy a few boxes of tissues. **2** I think you are perfect for this project. **3** Don't stock up on water. **4** Have your tickets ready, please. **5** My mom likes to cook spaghetti.

처음 맛보는 미국 수돗물

한국만큼 물 인심이 후한 곳도 없을 거예요.
요즘 한국에서는 정수기물이나 생수를 많이 마시는 추세죠. 미국은 어떨까요?

리나, 왜 그렇게 땀을 많이 흘렸어요?

아, 제시카랑 홈트레이닝을 했거든요.
저 지금 너무 목이 타서
뭘 좀 마시고 올게요.

Live Talk

오늘의 대화문을 귀 기울여 들어보세요. 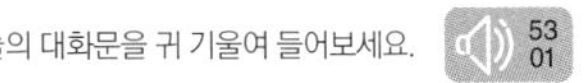

Lina	Gosh, I'm so thirsty. I need something to drink.
Jessica	Do you want water or something else?
Lina	Sure. What do you have?
Jessica	Well… we have some soft drinks, iced tea, and apple juice.
Lina	I'll just drink water for now. Thank you, though. By the way, can you drink tap water in the States?
Jessica	Yeah, you can have tap water here.
Lina	Yeah?
Jessica	Usually at restaurants they'll serve you tap water unless you buy bottled water.
Lina	I see.
Caylne	In Korea, it's safe to drink tap water, too!
Jessica	Oh yeah? I didn't know that. So, do you want to try America's tap water?
Lina	Yes, please! Thank you. Um, so good.

thirsty 목마른, 갈증 나는 **soft drink** 탄산음료 **iced tea** 아이스티 **for now** 지금은, 일단은 **though** 그렇지만 **tap water** 수돗물 **the States** 미국 **serve** (식당 등에서 음식을) 제공하다 **unless** ~하지 않는 한, ~하지 않으면 **bottled water** 병에 든 생수

리나	아, 너무 목말라. 뭐 좀 마셔야겠어.
제시카	물 마실래? 아니면 다른 거라도?
리나	응. 뭐 있어?
제시카	음… 탄산음료랑 아이스티, 그리고 사과주스도 있어.
리나	지금은 그냥 물 마실게. 고마워. 그런데 미국에서는 수돗물 마실 수 있어?
제시카	응, 수돗물 마셔도 돼.
리나	그래?
제시카	보통 식당에서는 병 생수를 사지 않으면 수돗물을 줘.
리나	그렇구나.
케일린	한국에서도 수돗물은 마셔도 안전해요!
제시카	아, 정말요? 그건 몰랐네요. 그럼 미국 수돗물 마셔볼래?
리나	응! 고마워. 음, 진짜 괜찮은데.

Grammar Point

회화를 튼튼하게 해주는 문법 원 포인트 레슨을 확인해보세요.

to부정사의 형용사 역할: ~할

to부정사(to+동사원형)는 문장 속에서 명사, 형용사, 부사 역할을 합니다. 여기서는 형용사 역할을 하는 경우를 알아볼게요. '읽다'는 read인데 '읽을 책'은 어떻게 말해야 할까요? 바로 book to read라고 하면 됩니다. to read가 명사 뒤에서 '읽을'이라는 형용사 역할을 하고 있어요. 이렇게 to부정사는 '~할'이라는 뜻으로 명사를 꾸며주는 역할을 합니다. food to eat(먹을 음식), something to drink(마실 것)와 같이 사용해보세요.

- **I need something to drink.**

Expression Point

회화 실력을 업그레이드해주는 표현을 익혀보세요.

I need something to drink.

뭐 좀 마셔야겠어.

something to~는 '~할 뭔가', 즉 '~할 것'이라는 뜻입니다. something to eat(먹을 것), something to wear(입을 것), something to do(할 일)처럼 뒤에 다양한 동사원형을 붙여서 사용해보세요.

We have something to do. 우린 할 일이 있어요.
Do you have something to say? 무슨 할 말이라도 있어요?
I need something to nibble on. 나 간식거리가 좀 필요해.

Do you want water or something else?

물 마실래? 아니면 다른 거라도?

둘 중 무엇을 원하는지 물을 때는 Do you want A or B? 형태를 쓰면 됩니다. 짜장면과 짬뽕, 소고기와 돼지고기 등 두 개의 선택지 중에서 원하는 것을 고르라는 거죠. 선택지 사이에 or(또는)을 넣어서 연결하면 됩니다.

Do you want tea or coffee? 차나 커피 마실래요?
Do you want chicken or beef? 닭고기와 소고기 중 어떤 게 좋으세요?
Do you want wheat bread or white bread?
통밀빵과 흰 빵 중에 뭘 원하세요?

At restaurants they'll serve you tap water.

식당에서는 수돗물을 줘.

serve는 다양한 의미로 쓰입니다. '시중을 들다, 섬기다'라는 뜻도 있고, '도움이 된다'라는 뜻도 있습니다. '군복무하다'는 serve the military라고 합니다. 여기서는 식당 등에서 음식이나 음료 등을 '제공하다'라는 뜻으로 쓰였습니다.

We serve dessert with coffee. 우리는 디저트와 커피를 함께 제공합니다.
The hotel's restaurant doesn't serve lunch.
그 호텔 식당은 점심을 제공하지 않는다.
The restaurant serves breakfast between 7 and 9 a.m.
그 식당은 오전 7시에서 9시 사이에 아침 식사를 제공한다.

They'll serve you tap water unless you buy bottled water.

병 생수를 사지 않으면 수돗물을 줘.

unless는 '~하지 않는 한, ~하지 않으면'이라는 뜻의 접속사예요. 의미상 if ~ not과 같기 때문에 대부분의 경우 if ~ not으로 바꿔 쓸 수 있어요. 의문문에서는 unless가 아니라 if ~ not만 사용해요.

He won't go unless you go. 네가 안 가면 그도 안 갈 거야.
You can't come in unless you know the password.
비밀번호를 모르면 들어올 수 없어.
I'm going to Jeju Island tomorrow unless it's raining.
비가 오지 않으면 난 내일 제주도에 갈 거야.
☐ 다양한 물에 대한 표현도 함께 알아두세요.
mineral water 미네랄 워터 still water 정수 sparkling water 탄산수 carbonated water 탄산수

It's safe to drink tap water!

수돗물을 마셔도 안전해요!

It's safe to~는 '~해도 안전하다'라는 뜻이에요. to 뒤에는 동사원형을 붙여주면 됩니다. 반대로 '~하는 건 안전하지 않다'는 It isn't safe to~로 표현할 수 있겠죠. '밤에 혼자 걷는 건 안전하지 않아.'라고 하려면 It isn't safe to walk alone at night.이라고 하면 됩니다.

It's safe to eat this. 이건 먹어도 안전해요.
It's safe to travel there. 거긴 여행해도 안전해요.
It's safe to take this medicine. 이 약 먹어도 안전해요.

Drill 1

학습한 내용을 응용하여 영작해보세요.

1 ______________________________

난 몸을 따뜻하게 유지해줄 게 필요해. **보기** me, keep, warm, something, need, to, I

2 ______________________________

달걀 프라이랑 삶은 달걀 중에서 어떤 걸 원해?

보기 or, egg, do, want, you, egg, boiled, a, fried

3 ______________________________

그 식당은 한국 전통음식을 제공해. **보기** traditional, restaurant, food, the, Korean, serves

4 ______________________________

이미 하나 가지고 있지 않다면 그거 가져도 돼.

보기 you, already, can, unless, keep, that, have, one, you

5 ______________________________

이 거리를 밤에 걷는 것은 안전해. **보기** these, night, it's, to, walk, streets, at, safe

Drill 2

영어를 가리고 한국어를 보면서 바로 말할 수 있는지 체크해보세요. 

□ 뭐 좀 마셔야겠어.	I need something to drink.
□ 물 마실래? 아니면 다른 거라도?	Do you want water or something else?
□ 미국에서는 수돗물 마실 수 있어?	Can you drink tap water in the States?
□ 보통 식당에서는 병 생수를 사지 않으면 수돗물을 줘.	Usually at restaurants they'll serve you tap water unless you buy bottled water.
□ 수돗물을 마셔도 안전해요!	It's safe to drink tap water!
□ 나 간식거리가 좀 필요해.	I need something to nibble on.
□ 차나 커피 마실래요?	Do you want tea or coffee?
□ 우리는 디저트와 커피를 함께 제공합니다.	We serve dessert with coffee.
□ 네가 안 가면 그도 안 갈 거야.	He won't go unless you go.

1 I need something to keep me warm. **2** Do you want a fried egg or boiled egg? **3** The restaurant serves traditional Korean food. **4** You can keep that unless you already have one. **5** It's safe to walk these streets at night.

존슨 부부와 와인 마시는 밤

오늘 밤 존슨 부부의 집에선 Wine Night이 있대요.
아마도 와인을 마시며 즐기는 파티 같지요?
리나도 초대를 받았으니 함께 가보시죠.

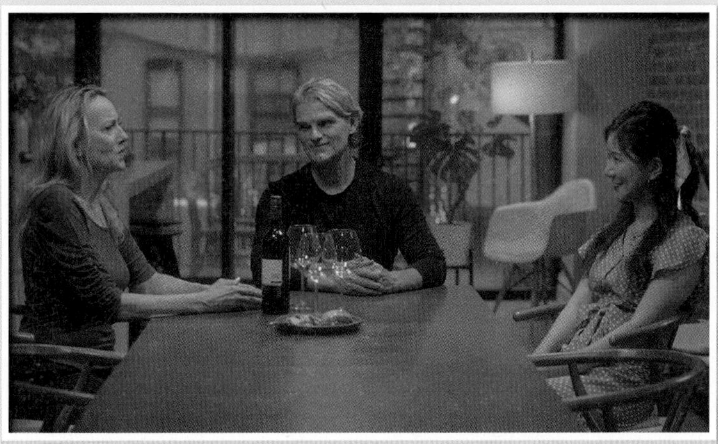

애나랑 마이클이 오늘 저녁에
Wine Night을 하신대요.
근데 저도 오라고 하시네요.

설마 두 분의 오붓한 시간을
방해하는 건 아니겠죠? 하하.

Live Talk

Anna　It's Wine Night!

Michael　Yeah! We have Wine Night the last Friday of every month.

Lina　Wine Night sounds fun!
Do you guys drink wine to get all romantic?

Michael　No, we're always romantic. With, without wine.

Lina　Aww.

Anna　Yes. So we thought it would be a good idea to sit down, drink some wine, and talk about the last month and the plans for the next month.

Lina　Do you mind if I join you, but with a can of beer?

Michael　Sure! It doesn't matter what you drink. Join us.

Anna　We can talk about how you enjoy the States.

Lina　You know, I came here to learn English, but I feel like I've made wonderful friends.

Anna　Aww, that's so sweet of you to say that.

Michael　We're really enjoying your company too, Lina.
You're welcome at our house anytime.

Lina　Thank you.

last 맨 마지막의, 끝의　**every month** 매월　**romantic** 로맨틱한, 애정을 표현하는　**with, without ~** 이 있든 없든　**Do you mind if~?** ~해도 될까요?　**join** 동참하다, 함께하다　**a can of beer** 맥주 한 캔　**matter** 중요하다, 문제가 되다　**company** 함께 있음, (집에 온) 손님　**anytime** 언제든

애나	와인 나이트야!
마이클	예! 우린 매달 마지막 금요일에 '와인 마시는 밤'을 가진단다.
리나	'와인 마시는 밤'이라니 재밌겠어요! 로맨틱한 분위기를 위해 와인을 마시나요?
마이클	아니, 우리는 와인이 있든 없든 늘 로맨틱한걸.
리나	어머.
애나	응. 앉아서 같이 와인을 마시면서 지난 한 달은 어땠고 다음 달 계획은 뭔지 얘기하면 좋을 것 같아서 이런 자리를 가져.
리나	저는 맥주 한 캔이랑 껴도 될까요?
마이클	당연하지! 뭘 마시든지 상관없어. 함께하자.
애나	리나가 어떻게 미국을 즐기고 있는지 얘기하면 되겠다.
리나	영어를 배우러 왔는데, 멋진 친구들을 사귄 것 같아요.
애나	오, 그렇게 말해주다니 정말 다정하구나.
마이클	우리도 너와 함께해서 즐거워. 리나는 우리 집에 언제든 환영이야.
리나	감사해요.

Grammar Point

회화를 튼튼하게 해주는 문법 원 포인트 레슨을 확인해보세요.

to부정사의 부사 역할: ~하려고, ~하기 위해서

to부정사(to + 동사원형)는 형용사 역할 외에 부사 역할을 하기도 해요. 이때는 '~하기 위해서', '~하려고' 등으로 해석하면 됩니다. I went to Canada to study English.(나는 영어 공부를 하러 캐나다에 갔다.)라는 문장에서 to study English(영어를 공부하기 위해서)는 동사 went를 수식하는 부사 역할을 하고 있어요.

- **Do you guys drink wine to get all romantic?**
- **I came here to learn English.**

Expression Point

회화 실력을 업그레이드해주는 표현을 익혀보세요.

We have Wine Night the last Friday of every month. 우린 매달 마지막 금요일에 '와인 마시는 밤'을 가진단다.

영미권에서는 저녁에 특정 음식을 먹으며 친목을 다질 때 흔히 이벤트 이름에 '음식 이름 +night'을 함께 써요. Wine Night(와인 마시는 밤), pizza night(피자 먹는 저녁 모임)처럼요.

Tonight is pizza night! 오늘밤은 함께 피자 먹는 날이야!

Friday night is steak night! 금요일 밤에는 모여서 스테이크를 먹어!

We will have a fondue night at my friend's house.
우리는 내 친구 집에서 퐁듀의 밤을 가질 거야.

We have Wine Night the last Friday of every month. 우린 매달 마지막 금요일에 '와인 마시는 밤'을 가진단다.

정기적으로 매달 한 번씩 모임을 할 때 쓰는 표현이 ~ of every month(매달의 ~)입니다. '매월 첫 번째 화요일'은 the first Tuesday of every month라고 하면 됩니다.

We meet on the first Monday of every month.
우리는 매월 첫 번째 월요일에 만나.

The flea market takes place on the second Sunday of every month.
벼룩시장은 매달 둘째 일요일에 열려.

Our restaurant closes on the last Tuesday of every month.
우리 식당은 매달 마지막 화요일에 닫아요.

We thought it would be a good idea to sit down, drink some wine, and talk.

앉아서 와인을 마시면서 얘기하면 좋을 것 같았어.

It would be~는 아직 하지 않은 어떤 일이나 행동에 대해 '(그렇게 한다면) ~일 거야'라고 말할 때 씁니다. It would be nice~, it would be great~, It would be a good idea~는 모두 뭔가를 가정하면서 '(~하면) 좋을 것 같아'라는 뜻의 표현이에요.

It would be a good idea **to go on vacation.** 휴가를 가면 좋을 것 같아요.
It would be a good idea **to hire him.** 그를 고용하면 좋을 것 같아요.
It would be a good idea **to wake up early in the morning.** 아침에 일찍 일어나면 좋을 것 같아요.

Do you mind if **I join you, but with a can of beer?** 저는 맥주 한 캔이랑 껴도 될까요?

mind에는 '싫어하다, 꺼리다'라는 뜻이 있어요. 그래서 Do you mind if~?로 물으면 '~하면 싫으세요?', 즉 '~해도 될까요?'라는 뜻입니다. 이 질문에 흔쾌히 허락하려면 Of course not. / Certainly not. / Not at all. 등으로 답하면 됩니다. 모두 '물론 아닙니다, 꺼리지 않아요'라는 뜻이에요. 만약 Yes.나 Of course.로 대답하면 '네, 싫어요.'라는 뜻이 되니 상대방이 무안하겠죠.

Do you mind if **I sit here?** 제가 여기 앉아도 될까요?
Do you mind if **I close the window?** 창문 좀 닫아도 될까요?
Do you mind if **I come with you?** 제가 같이 가도 될까요?

It doesn't matter **what you drink.**

뭘 마시든지 상관없어.

matter에는 '중요하다, 문제가 되다'라는 뜻이 있어요. 따라서 It doesn't matter는 '중요하지 않아, 문제가 안 돼'라는 뜻입니다.

It doesn't matter **what you want.** 당신이 뭘 원하든 상관없어요.
It doesn't matter **what he thinks.** 그가 어떻게 생각하든 그건 중요하지 않아.
It doesn't matter **how old you are.** 네 나이는 중요하지 않아.

Drill 1

학습한 내용을 응용하여 영작해보세요.

1 ______________________

우리는 신입 회원들을 위해 피자의 밤 행사를 열 거야.

보기 members, we, new, host, night, pizza, for, will, a

2 ______________________

그것은 매달 첫 번째 토요일에 열린다.

보기 first, of, Saturday, every, takes, place, the, on, month, it

3 ______________________

저녁을 함께 하면 좋을 것 같아. 보기 together, it, good, be, a, would, idea, have, dinner, to

4 ______________________

너희 욕실 좀 써도 될까? 보기 bathroom, do, you, use, I, mind, if, your

5 ______________________

당신이 어디 살든 그건 중요하지 않아요. 보기 matter, it, where, doesn't, live, you

Drill 2

영어를 가리고 한국어를 보면서 바로 말할 수 있는지 체크해보세요.

☐	우린 매달 마지막 금요일에 '와인 마시는 밤'을 가진단다.	We have Wine Night the last Friday of every month.
☐	로맨틱한 분위기를 위해 와인을 마시나요?	Do you guys drink wine to get all romantic?
☐	앉아서 와인을 마시면서 얘기하면 좋을 것 같았어.	We thought it would be a good idea to sit down, drink some wine, and talk.
☐	저는 맥주 한 캔이랑 껴도 될까요?	Do you mind if I join you, but with a can of beer?
☐	뭘 마시든지 상관없어. 함께하자.	It doesn't matter what you drink. Join us.
☐	영어를 배우러 여기에 왔어요.	I came here to learn English.
☐	그렇게 말해주다니 정말 다정하구나.	That's so sweet of you to say that.
☐	휴가를 가면 좋을 것 같아요.	It would be a good idea to go on vacation.

정답 **1** We will host a pizza night for new members. **2** It takes place on the first Saturday of every month. **3** It would be a good idea to have dinner together. **4** Do you mind if I use your bathroom? **5** It doesn't matter where you live.

알고 보면 쉬운 식기세척기 사용법

가사 노동을 줄여주는 편리한 가전들이 아주 많은데, 여러분은 어떤 것을 최고로 뽑나요? 리나는 오늘의 설거지를 해결해줄 식기세척기 사용법을 배우려고 해요.

설거지를 해야 하는데… 양이 산더미네요.

식기세척기가 있는 거 같던데 한번 써보세요.

네, 샘에게 사용법을 물어봐야겠어요.

Live Talk

오늘의 대화문을 귀 기울여 들어보세요. 

Lina	Hey, Sam. Can you teach me how to use a dishwasher?
Sam	I'm not the one who can explain it the best… But since I'm the only one home, I'll help. So, open up the dishwasher and put all your dishes and cups on the tray. There are two trays. The top tray is for cups. You're gonna wanna lay them all down facing downwards. And the bottom tray is where you put all your dishes and pots. And put your forks and spoons in there.
Lina	Where do you put the detergent?
Sam	Good question. You're gonna put the detergent in there. But since we use tablets, you're gonna put them in here.
Lina	So… once I put in the detergent tablet, am I done?
Sam	Yup, all done!
Lina	But what if something goes wrong?
Sam	Then you can call the girl who is usually upstairs.
Caelyn	You mean, Jessica?
Sam	That's right!

dishwasher 식기세척기 **explain** 설명하다 **dish** 그릇, 접시 **tray** 트레이, 쟁반 **lay down** 내려놓다 **face downwards** 아래를 향하다 **detergent** 세제 **tablet** 납작한 알약처럼 생긴 것, 정제 **once** 일단 ~하면 **go wrong** 잘못되다, 틀리다 **upstairs** 위층에

리나	샘. 식기세척기 사용하는 법 좀 알려줄래?
샘	내가 제일 잘 설명할 수 있는 사람은 아닌데… 하지만 집에 나만 있으니까 도와줄게. 먼저 식기세척기를 열고 트레이에 접시와 컵들을 전부 넣어. 트레이는 두 개야. 위쪽 트레이에 컵을 넣어. 컵이 아래를 향하게 놓아야 해. 그리고 아래 트레이는 접시랑 냄비를 넣는 곳이야. 포크랑 숟가락은 여기에 넣어.
리나	세제는 어디에 넣어?
샘	좋은 질문이야. 여기가 세제 넣는 곳이야. 우리는 태블릿 세제를 사용하니까 여기에 넣으면 돼.
리나	그럼 세제 한 알만 넣으면 끝난 건가?
샘	맞아, 끝이야!
리나	근데 만약 뭐가 잘못되면 어떡해?
샘	그럼 주로 위층에 있는 여자애를 부르면 돼.
케일린	제시카 말하는 건가요?
샘	딩동댕!

Grammar Point

회화를 튼튼하게 해주는 문법 원 포인트 레슨을 확인해보세요.

사람을 뒤에서 꾸미는 〈who + be동사〉

우리가 일상에서 쓰는 문장이 늘 I like the man.(난 그 남자가 좋아.) 또는 He came home.(그가 집에 왔어.)처럼 간단하지만은 않지요. 하고 싶은 이야기가 많은 만큼 문장도 복잡해질 수밖에 없어요. I like the man에서 the man이 어떤 남자인지 설명하고 싶다면 어떻게 해야 할까요? 그럴 때는 who를 써서 I like the man who is like Tom Cruise.(난 톰 크루즈 같은 그 남자를 좋아해.)라고 말하면 됩니다. 이렇게 사람에 대해 뒤에서 꾸며줄 때 〈who+be동사〉를 이용해 연결할 수 있어요. 이렇게 쓰이는 who를 '관계대명사'라고 하고, who 대신에 that을 사용할 수도 있어요.

- **You can call the girl who is usually upstairs.**

Expression Point

회화 실력을 업그레이드해주는 표현을 익혀보세요.

Can you teach me how to use a dishwasher?

식기세척기 사용하는 법 좀 알려줄래?

how to~는 '~하는 방법'이라는 뜻입니다. 따라서 Can you teach me how to~?는 '~하는 방법 좀 알려줄 수 있어요?'라고 물을 때 써요. how to 뒤에 동사원형을 써서 how to dance(춤추는 법), how to help you(너를 어떻게 도울지)처럼 활용해보세요.

Can you teach me how to make this? 이거 어떻게 만드는지 가르쳐줄래?
Do you know how to drive? 운전할 줄 알아?
Can you tell me how to solve this problem?
이 문제 어떻게 풀어야 하는지 좀 알려줄래?

I'm not the one who can explain it the best.

내가 제일 잘 설명할 수 있는 사람은 아닌데.

I'm not the one who~는 '나는 ~하는 사람이 아니야'라는 뜻이에요. 먼저 그렇게 운을 띄워 놓고 어떤 사람을 말하는지는 who 뒤에서 설명하는 방식입니다. 이때 who는 관계대명사이고, who 뒤에는 동사를 붙이면 됩니다.

I'm not the one who gives up easily. 난 쉽게 포기하는 사람이 아니야.
I'm not the one who needs it the most. 그게 가장 필요한 사람은 내가 아니야.
I'm not the one who has to make decisions.
결정을 내려야 하는 사람은 내가 아니야.

You're gonna wanna lay them all down facing downwards.

컵이 아래를 향하게 놓아야 해.

lay down은 뭔가를 '(살며시 조심스럽게) 내려놓다'라는 뜻입니다. 엄마가 품에 안겨 잠든 아이를 침대에 내려놓는 모습이나 식사를 마치고 수저를 식탁 위에 놓는 모습을 떠올려보세요. 아이나 수저를 요란하게 내던지는 분은 없겠죠?

Michell laid down her baby on the bed.
미셸은 그녀의 아기를 침대에 내려놓았다.
She finished her meal and laid down her fork.
그녀는 식사를 마치고 포크를 내려놨다.
Lay down your weapon! 무기 내려놔!

But what if something goes wrong?

근데 만약 뭐가 잘못되면 어떡해?

What if~?는 '혹시 ~하면 어떡하죠?'라고 물어볼 때 씁니다. What if the sky falls?(하늘이 무너지면 어떡하지?)처럼 걱정이 많거나 세심한 사람들이 자주 쓰게 되는 표현입니다. If 뒤에는 절(주어+동사)을 붙이면 됩니다.

What if he doesn't like me? 그 사람이 날 안 좋아하면 어떡하지?
What if he doesn't agree? 그가 동의하지 않으면 어쩌지?
What if I fail again? 내가 또 실패하면 어쩌지?

But what if something goes wrong?

근데 만약 뭐가 잘못되면 어떡해?

문제에 대한 답이 맞았는지 틀렸는지 말할 때는 주로 correct(맞은)과 wrong(틀린)을 씁니다. '정답'은 correct answer라고 하고요. 한편 누군가의 말이 맞는지 틀린지 따질 때는 right(맞은)과 wrong(틀린)으로 표현합니다. 어느 쪽이든 틀리고 잘못된 것은 공통적으로 wrong을 쓰네요. go wrong은 '잘못되다, 문제가 생기다'라는 뜻입니다.

What can go wrong? 뭐가 잘못될 수 있겠어?
Things may go wrong sometimes. 때로 일이 잘못될 수도 있다.
Nothing has gone wrong. 아무것도 잘못된 건 없어.

Drill 1

학습한 내용을 응용하여 영작해보세요.

1 ______________________________

김치볶음밥 만드는 법 좀 알려줘요. **보기** kimchi, rice, please, fried, tell, to, me, cook, how

2 ______________________________

그 실수를 한 사람은 내가 아니야. **보기** the, one, I'm, mistake, not, made, the, who

3 ______________________________

스마트폰 내려놓고 내 말 좀 들어봐. **보기** lay, and, to, me, down, listen, smartphones, your

4 ______________________________

그가 내게 소리지르면 어떡하지? **보기** at, me, what, yells, he, if

5 ______________________________

뭔가 잘못되면 내게 알려줘. **보기** wrong, please, know, if, let, me, goes, anything

Drill 2

영어를 가리고 한국어를 보면서 바로 말할 수 있는지 체크해보세요. 

□ 식기세척기 사용하는 법 좀 알려줄래?	Can you teach me how to use a dishwasher?
□ 내가 제일 잘 설명할 수 있는 사람은 아닌데.	I'm not the one who can explain it the best.
□ 그것들을 아래를 향하게 놓아야 해.	You're gonna wanna lay them all down facing downwards.
□ 근데 만약 뭐가 잘못되면 어떡해?	But what if something goes wrong?
□ 주로 위층에 있는 여자애를 부르면 돼.	You can call the girl who is usually upstairs.
□ 이거 어떻게 만드는지 가르쳐줄래?	Can you teach me how to make this?
□ 난 쉽게 포기하는 사람이 아니야.	I'm not the one who gives up easily.
□ 내가 또 실패하면 어쩌지?	What if I fail again?

1 Please tell me how to cook kimchi fried rice. **2** I'm not the one who made the mistake. **3** Lay down your smartphones and listen to me. **4** What if he yells at me? **5** If anything goes wrong, please let me know.

방문 수리 서비스 예약 전화하기

존슨 씨네 샤워기 온수가 말썽이에요.
뜨거운 물이 안 나오면 가족들이 모두 힘들어지는데 말이에요.
마이클이 급하게 뉴욕 배관 서비스센터에 전화를 거네요.

앗, 차가워! 뭐야!?
온수가 또 안 나오는 거야??
에휴… 배관 서비스를 또 불러야겠네.

Live Talk

오늘의 대화문을 귀 기울여 들어보세요. 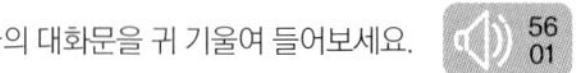

Plumber Hello? NY Plumbing Service. How may I help you?

Michael Hello. We're not getting hot water in the shower. We got everything fixed last summer, but it's not working again.

Plumber Well, it could be a couple of different problems. I'll have to come down there and give it a look. Don't worry. I'm the man who fixes everything! So once I'm there, everything will be fine.

Michael Okay, well… I'm a person that likes to get things done pronto. So, when will you be available?

Plumber I could come in an hour.

Michael Perfect. I'll be waiting.

Plumber Sure. Could you give me your name and address, sir?

Michael It's Michael Johnson. Our address is 345 L***** Avenue, Tenafly.

Plumber Alright. I'll see you soon!

Michael Thank you.

plumbing 배관, 수도 설비 **get hot water** 뜨거운 물이 나오다 **shower** 샤워기, 샤워실 **get A fixed** A를 고치다 **work** 작동하다, 일하다 **It could be** ~일 수 있다 **a couple of** 여러, 몇 개의 **give a look** 살펴보다 **once** 일단 ~하면 **get A done** A를 끝내다 **pronto** 빨리, 당장 **available** 이용 가능한, 시간이 있는 **address** 주소

배관공	네, 뉴욕 배관 서비스입니다. 어떻게 도와드릴까요?
마이클	안녕하세요. 샤워기에서 온수가 안 나와서요. 지난 여름에 다 고쳤는데 또 이러네요.
배관공	음, 몇 가지 다른 문제들이 있을 수 있어요. 가서 봐야 할 것 같네요. 걱정 붙들어 매세요. 전 뭐든지 고치는 사나이거든요! 제가 가면 다 해결될 겁니다.
마이클	그러시군요, 음… 전 모든 걸 빨리 끝내는 걸 좋아하는 사람이에요. 언제 오실 수 있어요?
배관공	한 시간 후에 갈 수 있습니다.
마이클	좋네요. 기다리겠습니다.
배관공	네. 성함과 주소 알려주시겠어요?
마이클	마이클 존슨입니다. 주소는 테너플라이, 로*** 애비뉴 345번지고요.
배관공	네. 이따 뵙죠!
마이클	감사합니다.

Grammar Point

회화를 튼튼하게 해주는 문법 원 포인트 레슨을 확인해보세요.

사람을 뒤에서 꾸미는 〈who+일반동사〉

사람을 뒤에서 꾸며줄 때 〈who+be동사〉뿐만 아니라 〈who+일반동사〉도 쓸 수 있어요. '나는 모든 걸 다 고치는 남자야.'라고 하려면 I'm the man(나는 남자야) 뒤에 who fixes everything(모든 걸 다 고치는)을 붙여주면 됩니다. 이때 who는 that으로 바꿔 쓸 수 있어요.

- **I'm the man who fixes everything!**
- **I'm a person that likes to get things done pronto.**

Expression Point

회화 실력을 업그레이드해주는 표현을 익혀보세요.

We got everything fixed last summer, but it's not working again.

지난 여름에 다 고쳤는데 또 작동을 안 하네요.

〈get+목적어+to부정사〉 구문은 '목적어가 ~하도록 시키다'라는 뜻이에요. 이 경우 I got him to help her.(나는 그가 그녀를 돕도록 시켰다.)처럼 목적어(him)가 행동하는(help) 주체입니다. 그런데 〈get+목적어+과거분사(p.p.)〉처럼 목적어 뒤에 과거분사가 나오면 목적어가 행동의 '주체'가 아니라 행동의 '대상'입니다. 위 문장에서 got 다음에 나오는 목적어 everything이 고치는 주체가 아니라 고쳐지는 대상이기 때문에 뒤에 과거분사형 fixed가 쓰인 거예요.

I got my car fixed last month. 지난달에 내 차 수리했어.
She got her hair cut this morning. 그녀는 오늘 아침에 머리를 잘랐다.
John got his bicycle stolen. 존은 자전거를 도둑맞았다.

We got everything fixed last summer, but it's not working again.

지난 여름에 다 고쳤는데 또 작동을 안 하네요.

work는 '일하다' 외에 '작동하다'라는 뜻으로도 널리 쓰입니다. 전자제품이나 기계가 작동하는 것은 물론이고 계획이나 시스템, 사람간의 관계가 진행되는 것도 work를 써서 표현합니다. Our plan isn't working.(우리 계획이 효과가 없네.)처럼요.

The coffee machine isn't working. 커피머신이 작동을 안 해.
The elevator hasn't been working since yesterday.
어제부터 엘리베이터가 작동하지 않아요.
Your PC will start working in a few minutes.
네 컴퓨터는 몇 분 안에 작동하기 시작할 거야.

It could be a couple of different problems.

몇 가지 다른 문제들이 있을 수 있어요.

couple은 '둘'이라는 뜻이에요. 그런데 a couple of는 정확히 '둘'이 아니라 '몇몇(a few)'이라는 뜻으로 쓰이기도 합니다. 특히 미국 영어에서 '몇몇'이라는 뜻으로 자주 쓰입니다.

I went there a couple of years ago. 나 거기에 몇 년 전에 갔었어.
It will take a couple of days to finish this project.
이 프로젝트 끝내는 데 며칠 걸릴 거야.
The school is a couple of kilometers away from my home.
학교는 우리 집에서 몇 킬로미터 떨어져 있다.

I'm the man who fixes everything!

전 뭐든지 고치는 사나이거든요!

man에 대해 추가 설명을 해주기 위해 〈who+일반동사〉가 이어진 구조입니다. 〈I'm ~ who+동사〉는 '저는 ~하는 ~입니다'라고 자기 소개를 할 때 유용한 표현입니다.

I'm a person who believes in God. 저는 신을 믿는 사람입니다.
I'm a teacher who teaches English. 저는 영어를 가르치는 교사입니다.
I'm the man who makes everything work!
저는 모든 걸 작동하게 만드는 사람이랍니다!

When will you be available?

언제 오실 수 있어요?

시설이나 사물이 available하다고 하면 '이용 가능한'이라는 뜻입니다. Is this seat available?은 '이 자리에 앉아도 되나요?'라는 뜻이지요. 그런데 available을 사람에 대해 쓸 때도 있어요. 어떤 사람이 available하다는 말은 '시간이 있는', '여유가 있는'이라는 뜻입니다.

Are you available tomorrow? 내일 시간 있어요?
Will you be available this afternoon? 오늘 오후에 시간 있어요?
He won't be available tomorrow. 그분은 내일은 시간이 안 나요.

Drill 1

학습한 내용을 응용하여 영작해보세요.

1 ______________________________

그녀는 자동차를 수리받았다. **보기** her, she, car, fixed, got

2 ______________________________

교통 시스템이 제대로 작동 안 되고 있어. **보기** isn't, properly, the, system, working, traffic

3 ______________________________

아이들 몇 명이 거리를 배회하고 있다. **보기** a, wandering, couple, streets, are, of, kids, the

4 ______________________________

나는 모든 것을 사고 싶은 사람이야. **보기** I'm, who, buy, wants, everything, to, person, the

5 ______________________________

그 농구 스타는 이번 시즌을 할 여유가 없을 겁니다.

보기 the, for, season, available, basketball, won't, star, this, be

Drill 2

영어를 가리고 한국어를 보면서 바로 말할 수 있는지 체크해보세요.

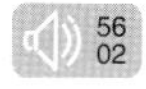

	한국어	English
□	지난 여름에 다 고쳤는데 또 작동을 안 하네요.	We got everything fixed last summer, but it's not working again.
□	몇 가지 다른 문제들이 있을 수 있어요.	It could be a couple of different problems.
□	전 뭐든지 고치는 사나이거든요!	I'm the man who fixes everything!
□	전 일을 빨리 끝내는 걸 좋아하는 사람이에요.	I'm a person that likes to get things done pronto.
□	언제 오실 수 있어요?	When will you be available?
□	커피머신이 작동을 안 해.	The coffee machine isn't working.
□	나 거기에 몇 년 전에 갔었어.	I went there a couple of years ago.
□	내일 시간 있어요?	Are you available tomorrow?

1 She got her car fixed. **2** The traffic system isn't working properly. **3** A couple of kids are wandering the streets. **4** I'm the person who wants to buy everything. **5** The basketball star won't be available for this season.

헷갈리는 재활용품 분리 배출법

재활용품 분리하는 건 정말 헷갈릴 때가 있어요.
하지만 지구를 위해서 재활용을 열심히 해야겠죠!
존슨 남매와 리나의 재활용품 분리수거를 함께 지켜볼까요?

오늘은 셋이 함께 있네요?

재활용품 분리 배출을
같이 해보려던 참이었어요.

저도 도와줄 수 있으면 좋겠네요!

Live Talk

오늘의 대화문을 귀 기울여 들어보세요. 

Lina	So, what should I do?
Jessica	We have recyclables in this basket and trash in this one.
Sam	And we have to recheck the recycle basket for anything non-recyclable.
Lina	OK. What if there's a bit of liquid left in a bottle like this?
Jessica	Oh, we have to get rid of that. Also, any paper that is soiled like this goes in the trash, too.
Lina	Got it!
Sam	Okay. Now, we have to take the recyclables and put them in the navy blue bin which is down the street.
Lina	On it!

recyclables 재활용 가능한 물건들 **basket** 바구니 **trash** 쓰레기 **recheck** 재확인하다 **recycle** 재활용하다 **recycle basket** 재활용품을 담아 놓는 바구니 **non-recyclable** 재활용이 불가능한 **liquid** 액체 **get rid of** ~을 없애다, 버리다 **soil** 더럽히다, 때 묻히다 **navy blue** 남색

리나	나 뭐 하면 돼?
제시카	이 바구니에는 재활용품이 있고 여긴 쓰레기가 있어.
샘	재활용 불가 쓰레기가 재활용 바구니에 들어갔는지 다시 확인해야 해.
리나	알겠어. 이렇게 병 안에 액체가 조금 남아 있으면 어떡해?
제시카	아, 비워야 해. 그리고 이렇게 더러워진 종이도 쓰레기로 가야 해.
리나	알겠어!
샘	자. 이제 재활용품을 가지고 가서 길 아래에 있는 남색 통에 넣어야 해.
리나	알았어!

Grammar Point

회화를 튼튼하게 해주는 문법 원 포인트 레슨을 확인해보세요.

사물을 뒤에서 꾸미는 〈which+be동사〉

사람을 뒤에서 꾸밀 때는 who를 쓰는데, 사물을 뒤에서 꾸밀 때는 which를 사용합니다. 사물에 대해 보충 설명을 할 때 〈which+be동사〉를 이용해 연결할 수 있어요. 이렇게 쓰이는 which를 '관계대명사'라고 하고, which 대신에 that을 사용할 수도 있어요.

- **Any paper that is soiled like this goes in the trash.**
- **We have to put the recyclables in the navy blue bin which is down the street.**

Expression Point

회화 실력을 업그레이드해주는 표현을 익혀보세요.

What should I do?

나 뭐 하면 돼?

should는 '~해야 한다'라는 약한 의무의 뜻을 담고 있지요. '내가/우리가 뭘 ~해야 해?', '내가/우리가 뭘 ~하면 좋을까?'라고 조언을 구할 때 〈What should I/we + 동사?〉 표현을 쓸 수 있습니다.

What should I cook for you? 내가 뭘 요리해 줄까?
What should we have for lunch? 우리 점심으로 뭘 먹는 게 좋을까?
What should I buy at the liquor store? 내가 주류 매장에서 뭘 사야 해?

We have to recheck the recycle basket for anything non-recyclable.

재활용 불가 쓰레기가 재활용 바구니에 들어갔는지 다시 확인해야 해.

동사 앞에 re-가 붙으면 replay(재생하다), rethink(다시 생각하다)처럼 '다시'라는 뜻이 추가되는 경우가 많습니다. '확인하다'라는 뜻인 check 앞에 re-가 붙은 recheck은 '다시 확인하다'라는 뜻입니다.

We have to recheck the list. 목록을 다시 확인해야 해요.
Do we have to recheck the luggage? 짐을 다시 확인해야 할까요?
Please recheck your booking before confirmation.
확정하기 전에 예약 내용을 다시 확인해주세요.

What if there's a bit of liquid left in a bottle?

병 안에 액체가 조금 남아 있으면 어떡해?

bit은 '조금, 약간'이라는 뜻이에요. a bit of는 '약간의'라고 해석하면 됩니다. a little bit of라고 해도 뜻은 같습니다.

With a bit of luck, we will make it. 운이 좀 따르면 우린 해낼 거야.
There's a bit of a problem left. 문제가 좀 남았어요.
He doesn't have a bit of common sense. 그는 상식이라곤 눈곱만큼도 없다.

We have to get rid of that.

그걸 비워야 해.

get rid of는 '~을 제거하다, 없애다'라는 뜻입니다. 첩보영화에서 적을 '제거한다'고 할 때도 사용하지만 쓰레기를 치우거나 뾰루지를 없앨 때도 쓸 수 있어요. 그야말로 뭐든 없앨 수 있는 표현입니다.

We have to get rid of bad habits. 우린 나쁜 습관을 버려야 해.
Germs are not easy to get rid of. 병균은 없애기 쉽지 않아.
Can you get rid of this stain? 이 얼룩 좀 지워줄 수 있어요?

Any paper that is soiled like this goes in the trash, too.

이렇게 더러워진 종이도 쓰레기로 가야 해.

사물을 뒤에서 꾸며줄 때 쓸 수 있는 〈that + be동사〉를 좀 더 연습해봐요. 앞에 있는 사물이 단수일 때는 that is/was, 복수일 때는 that are/were를 사용하면 됩니다. 앞서 설명했듯이 여기서 쓰인 that은 which로 바꿔도 관계없습니다.

Any paper that is used goes here.
사용한 종이는 여기에 넣어야 해요.

All the buildings that are around here are mine.
이 주변 건물들은 다 내 거야.

All the animals that are extinct cannot be resurrected.
멸종된 동물들은 모두 부활시킬 수 없다.

Drill 1

학습한 내용을 응용하여 영작해보세요.

1 ______

우리가 뭘 준비해야 할까요? **보기** we, should, prepare, what

2 ______

철자 실수를 다시 확인하는 게 중요하다.

보기 spelling, is, important, to, it, mistakes, recheck, for

3 ______

그는 좀 완벽주의자이다. **보기** a, he, of, is, bit, perfectionist, a

4 ______

이 치통이 사라지지 않아. **보기** can't, I, get, this, of, toothache, rid

5 ______

여기 모아진 비닐봉지들은 모두 재활용된다.

보기 collected, plastic, all, the, bags, recycled, are, that, here, are

Drill 2

영어를 가리고 한국어를 보면서 바로 말할 수 있는지 체크해보세요. 

☐ 재활용 불가 쓰레기가 재활용 바구니에 들어갔는지 다시 확인해야 해.	We have to recheck the recycle basket for anything non-recyclable.
☐ 병 안에 액체가 조금 남아 있으면 어떡해?	What if there's a bit of liquid left in a bottle?
☐ 그걸 비워야 해.	We have to get rid of that.
☐ 이렇게 더러워진 종이도 쓰레기로 가야 해.	Any paper that is soiled like this goes in the trash, too.
☐ 목록을 다시 확인해야 해요.	We have to recheck the list.
☐ 그는 상식이라곤 눈곱만큼도 없다.	He doesn't have a bit of common sense.
☐ 우린 나쁜 습관을 버려야 해.	We have to get rid of bad habits.
☐ 사용한 종이는 여기에 넣어야 해요.	Any paper that is used goes here.

정답 **1** What should we prepare? **2** It is important to recheck for spelling mistakes. **3** He is a bit of a perfectionist. **4** I can't get rid of this toothache. **5** All the plastic bags that are collected here are recycled.

간편한 음식물 처리기 사용법

요즘 한국에서도 음식물 처리기가 있는 집이 늘고 있어요.
싱크대에 음식물 처리기가 있으면 정말 편하죠.
마이클에게 음식물 처리기 사용법을 배워볼까요?

식사 끝나고 정리 중인가 봐요?

마이클이랑 간단하게
브런치 먹었어요.
이제 음식물 처리 좀 하려고요.

Live Talk

오늘의 대화문을 귀 기울여 들어보세요. 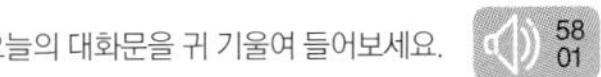

Lina How do you deal with food waste in America?

Michael Well, we have a food disposer that's installed in our sink. So, run the cold water and then turn on the disposer.
But don't put all the food waste at once, gradually add the food into the disposer.
And then when you hear the grinding stop, turn off the disposer but let the cold water flush the leftover food particles for a bit.

Lina Can you grind everything?

Michael Not everything. Don't put in fats, oils or grease. Just put in food which has no grease left.

Lina How about bones?

Michael Only bones which are soft like fish bones.

Lina I see. I should try it here and if I like it, I should get one for my home in Korea.

Michael It's really convenient.

deal with 처리하다, 다루다 **food waste** 음식물 쓰레기 **food disposer** 음식물 처리기 **install** 설치하다 **sink** (부엌의) 싱크대, 개수대 **run** (물을) 틀다, 흐르게 하다 **at once** 한 번에 **gradually** 점점, 조금씩 **grinding** 분쇄 **flush** (물을) 내리다, 내보내다 **leftover** 남은 음식 **particle** 조각, 입자 **fat** (육류에 붙은) 지방 **oil** 기름 **grease** 기름기, (끈적끈적한) 기름 **bone** (생선) 가시, (동물) 뼈 **convenient** 편리한

리나 미국에서는 음식물 쓰레기를 어떻게 처리해요?

마이클 싱크대에 음식물 처리기가 설치되어 있단다.
차가운 물을 틀고 처리기를 켜면 돼.
하지만 음식물을 한꺼번에 다 넣으면 안 되고, 조금씩 넣어야 해.
그러고 나서 분쇄 소리가 멈추면, 처리기를 끄고 남은 음식물이 흘러 내려가도록 찬물을 잠시 틀어놓으면 돼.

리나 뭐든 다 갈 수 있나요?

마이클 다는 아니야. 지방이나 기름, 기름기가 많은 건 안 돼.
기름기가 없는 것만 넣으렴.

리나 뼈는요?

마이클 생선 뼈처럼 약한 것만 넣을 수 있어.

리나 그렇군요. 써보고 괜찮으면 한국 가서 하나 사야겠어요.

마이클 정말 편리하단다.

Grammar Point

회화를 튼튼하게 해주는 문법 원 포인트 레슨을 확인해보세요.

사물을 뒤에서 꾸미는 〈which + 일반동사〉

사물을 뒤에서 꾸며줄 때 〈which + be동사〉뿐만 아니라 〈which + 일반동사〉도 쓸 수 있어요. 이때도 which 대신 that을 쓸 수 있어요. which/that 뒤에 오는 동사는 앞에 있는 사물이 단수인지 복수인지에 따라 수를 맞춰줍니다.

- **We have a food disposer that's installed in our sink.**
- **Put in food which has no grease left.**
- **Only bones which are soft like fish bones.**

Expression Point

회화 실력을 업그레이드해주는 표현을 익혀보세요.

How do you deal with food waste in America?

미국에서는 음식물 쓰레기를 어떻게 처리해요?

deal with는 '~을 처리하다, 다루다'라는 뜻으로 사물뿐만 아니라 사람, 상황, 문제 등에 대해 폭넓게 사용할 수 있습니다. food waste는 '음식물 쓰레기'라는 뜻이에요.

He is not easy to deal with. 그는 다루기 쉬운 사람이 아니다.
How do you deal with recycling? 재활용품을 어떻게 처리해요?
There are more important matters to deal with.
다뤄야 할 더 중요한 문제들이 있어.

Turn on the disposer.

처리기를 켜면 돼.

turn on은 전기장치나 기계장치가 작동하도록 버튼이나 손잡이, 스위치 등을 누르거나 켜는 것을 말합니다. 반대말은 turn off(끄다)입니다.

How do you turn on this television? 이 TV 어떻게 켜?
All you have to do is turn on the faucet. 당신은 수도꼭지만 틀면 됩니다.
Could you please turn on the light? 불을 좀 켜주시겠어요?

Don't put all the food waste at once.

음식물 쓰레기를 한꺼번에 다 넣으면 안 돼.

at once는 '한꺼번에, 단번에'라는 뜻입니다. 이와 반대되는 말로 '서서히, 점점'이라는 뜻의 gradually가 있어요.

Everyone began shouting at once. 모두가 일제히 소리 지르기 시작했다.
I can't do many things at once. 나는 많은 것을 한꺼번에 할 수 없다.
+ all at once는 '모두 한꺼번에'가 아니라 '갑자기(suddenly)'라는 뜻이라는 것도 기억해두세요.
It began to rain all at once. 갑자기 비가 오기 시작했다.

Gradually add the food into the disposer.

음식물을 조금씩 처리기에 넣어.

add는 '추가하다, 첨가하다'라는 뜻의 동사입니다. 그래서 〈add A into B〉는 'A를 B에 넣다' 라는 의미예요. 또한 두 가지 재료를 '섞다'라는 뜻으로 쓰이기도 해요.

Add some milk into the iced tea. 아이스티에 우유 좀 넣어주세요.
Now add the eggs into the flour. 자, 이제 밀가루와 달걀을 섞어주세요.
We should add some more herbs into the sauce.
그 소스에 허브를 더 넣어야겠다.

Don't put in fats, oils or grease.

지방이나 기름, 기름기가 많은 건 넣지 마.

영어의 명령문은 Sit down.(앉아.)처럼 동사원형으로 시작하지요. 그러데 '~하지 마'라고 말할 때는 Don't~로 시작합니다. Don't 뒤에 동사원형을 붙이면 뭔가를 하지 말라고 요청하거나 명령하는 말이 됩니다. 영국의 록밴드 퀸의 히트곡 중에 *Don't stop me now*(지금 나를 말리지 마)가 있지요.

Don't bother me. 나 귀찮게 하지 마.
Don't make the same mistake again. 다시는 같은 실수 하지 마.
Don't be afraid to ask questions. 질문하는 걸 두려워하지 마.

Drill 1

학습한 내용을 응용하여 영작해보세요.

1 ______________________________

이 문제들은 모두 다루기 어렵다. **보기** all, to, hard, these, are, with, problems, deal

2 ______________________________

히터를 켜도 될까요? **보기** if, turn, do, you, on, the, I, heater, mind

3 ______________________________

그는 자기의 모든 빚을 한꺼번에 갚았다. **보기** paid, his, at, debts, off, all, once, he

4 ______________________________

모두 그릇에 넣고 잘 섞어. **보기** into, it, the, bowl, mix, everything, add, and, well

5 ______________________________

어떤 상황에서도 날 실망시키지 마. **보기** any, me, under, don't, circumstances, disappoint

Drill 2

영어를 가리고 한국어를 보면서 바로 말할 수 있는지 체크해보세요.  58 02

☐ 음식물 쓰레기를 어떻게 처리해요?	How do you deal with food waste?
☐ 싱크대에 음식물 처리기가 설치되어 있단다.	We have a food disposer that's installed in our sink.
☐ 처리기를 켜면 돼.	Turn on the disposer.
☐ 음식물 쓰레기를 한꺼번에 다 넣으면 안 돼.	Don't put all the food waste at once.
☐ 음식물을 조금씩 처리기에 넣어.	Gradually add the food into the disposer.
☐ 지방이나 기름, 기름기가 많은 건 넣지 마.	Don't put in fats, oils or grease.
☐ 남은 기름기가 없는 것만 넣으렴.	Put in food which has no grease left.
☐ 생선 뼈처럼 약한 것만.	Only bones which are soft like fish bones.
☐ 저희 집에 하나 둬야겠어요.	I should get one for my home.

정답 **1** These problems are all hard to deal with. **2** Do you mind if I turn on the heater? **3** He paid off all his debts at once. **4** Add everything into the bowl and mix it well. **5** Don't disappoint me under any circumstances.

애나와 함께 세탁하기

오늘은 빨래를 하는 날인가 봐요!
리나가 애나에게 세탁기로 빨래하는 법을 배우고 있네요.
대화를 함께 들어보시죠.

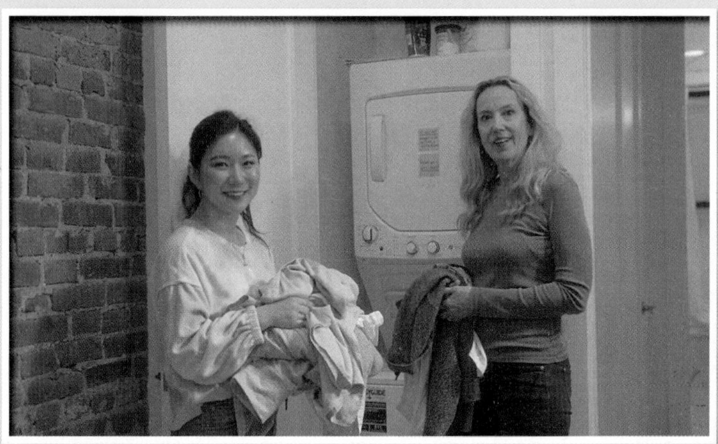

케일린! 저는 빨래를 해야 해서 이만…

제가 도와드릴게요!

어유~ 친절한 리나.
그래 주면 고맙지!

Live Talk

오늘의 대화문을 귀 기울여 들어보세요. 

Anna	Could you collect the laundry from downstairs and bring it upstairs?
Lina	Sure! I'll do that.
Lina	Here they are!
Caelyn	You have so much laundry to do!
Anna	Well, we have a lot of people living in this house.
Anna	Okay, so let's put all the laundry in the washing machine.
Lina	Okay.
Anna	I use liquid laundry detergents. The detergent goes in this section and the fabric softener in here.
Lina	I'm pretty sure it's going to take forever to fold them.
Anna	Don't worry. Those not doing the laundry will help fold the laundry.

collect 모으다, 수집하다 **laundry** 빨랫감, 세탁물 **downstairs** 아래층, 아래층으로 **upstairs** 위층으로, 위층 **washing machine** 세탁기 **liquid laundry detergent** 액상 세탁 세제 **fabric softener** 섬유 유연제 **take forever** 오랜 시간이 걸리다 **fold** 개다, 접다 **do (the) laundry** 빨래하다, 세탁하다

애나	아래층에 있는 빨래들을 모아서 가지고 올라와 주겠니?
리나	당연하죠! 가져올게요.
리나	여기요!
케일린	빨랫감이 정말 많네요!
애나	식구가 많다 보니까요.
애나	그럼, 세탁기에 빨래를 넣어보자.
리나	네.
애나	난 액상 세탁 세제를 사용해. 세탁 세제는 여기에 넣고, 섬유 유연제는 이쪽에 넣으면 돼.
리나	빨래 개는 데도 한세월 걸리겠어요.
애나	걱정하지 말렴. 빨래 안 한 가족들이 개는 거 도와줄 거야.

Grammar Point

회화를 튼튼하게 해주는 문법 원 포인트 레슨을 확인해보세요.

사람을 뒤에서 꾸미는 현재분사 〈사람+동사-ing〉

'이 집에 살고 있는 사람들'을 영어로 어떻게 말해야 할까요? 이때는 people(사람들) 뒤에 living in this house(이 집에 살고 있는)를 붙이면 됩니다. 현재분사(동사-ing)가 명사를 꾸밀 때는 dancing people(춤추는 사람들)처럼 주로 명사 앞에서 꾸미지만, living in this house처럼 꾸미는 내용이 길 때는 명사 뒤에 옵니다.

'빨래를 하는 사람들'은 those doing the laundry이고 '빨래를 안 하는 사람들'이라고 하려면 현재분사 앞에 not을 넣어 those not doing the laundry라고 하면 됩니다.

- **We have a lot of people living in this house.**
- **Those not doing the laundry will help fold the laundry.**

You have so much laundry to do!

빨랫감이 정말 많네요!

have so much A to B는 'B해야 할 A가 너무 많다'는 뜻입니다. '나 할 일이 너무 많아.'는 I have so much work to do.라고 하면 됩니다. A 자리에는 명사를 쓰고 B 자리에는 동사원형을 넣어서 연습해보세요.

She has so much cash to invest. 그녀는 투자할 수 있는 현금이 아주 많다.
I have so much stuff to carry. 운반해야 할 물건들이 너무 많다.
He has so much food to deliver today. 그는 오늘 배달해야 할 음식이 엄청나게 많다.

Let's put all the laundry in the washing machine.

세탁기에 빨래를 모두 넣자.

put A in B는 'A를 B에 넣다'라는 뜻입니다. 앞에 함께 하자는 제안의 Let's를 붙이면 '함께 A를 B에 넣자'가 됩니다.

Let's put the clothes in the bag. 옷을 이 가방에 넣자.
Let me put these flowers in the vase. 제가 이 꽃들을 화병에 꽂을게요.
Put the sword in the sheath. 칼을 칼집에 넣어라.

It's going to take forever to fold them.

빨래 개는 데 한세월 걸리겠어요.

take는 '(시간이) 걸리다'라는 뜻이고 forever는 '영원히'라는 뜻이에요. 그래서 take forever는 '영원히 계속된다'라는 뜻이지요. 이는 아주 오래 걸린다는 것을 강조하기 위해 자주 사용되는 표현입니다.

It will take forever to get there. 거기 가려면 평생 걸리겠다.

It will take forever to develop a new technology like that.
그런 신기술을 개발하려면 상당한 시간이 걸릴 거야.

Don't worry. It won't take forever. 너무 오래 걸리지는 않을 테니 걱정 마.

Those not doing the laundry will help fold the laundry.

빨래 안 한 가족들이 개는 거 도와줄 거야.

those에는 '사람들'이라는 뜻이 있어요. those doing the laundry는 현재분사 구문인 doing the laundry가 those를 뒤에서 꾸며주는 구조로 '빨래 하는 사람들'이라는 뜻이에요. 현재분사 앞에 not을 넣은 those not doing the laundry는 '빨래 안 하는 사람들'이라는 뜻이 됩니다. 〈those/people + 현재분사〉 구문을 좀더 연습해 봐요.

Those not wearing masks can't go inside.
마스크를 안 쓴 사람들은 안에 들어갈 수 없어요.

People running their own businesses tend to make more money.
자기 사업을 하는 사람들이 돈을 더 버는 편이다.

Those not doing the laundry will help fold the laundry.

빨래 안 한 가족들이 개는 거 도와줄 거야.

'~하는 것을 돕다'라고 말할 때 〈help to + 동사원형〉 또는 〈help 동사원형〉을 쓰면 되는데, 대부분의 경우 to를 생략하고 동사원형만 씁니다. 위 예문에서도 help와 fold 사이에 to가 생략된 걸로 보면 됩니다.

We will help make a better living environment.
더 나은 주거 환경을 만드는 걸 돕겠습니다.

I helped find a new solution to the problem.
난 그 문제에 대한 새로운 해법을 찾는 걸 도왔다.

We should help remove fear and misunderstanding.
우리는 두려움과 오해가 사라지도록 도와야 합니다.

Drill 1

학습한 내용을 응용하여 영작해보세요.

1 ______________________________

난 읽어야 할 좋은 것들이 아주 많아. **보기** much, I, stuff, have, so, to, good, read

2 ______________________________

동전을 돼지 저금통에 넣어. **보기** piggy, bank, put, the, coins, the, in

3 ______________________________

이 파일 다운받는 데 엄청 오래 걸릴 거야. **보기** it, download, will, this, take, file, forever, to

4 ______________________________

프로그램에 참여하지 않는 분들은 벌금을 내야 할 겁니다.

보기 to, joining, pay, those, not, program, the, will, fines, have

5 ______________________________

우리는 더 나은 사회를 만드는 걸 돕겠습니다. **보기** we, a, make, better, will, help, society

Drill 2

영어를 가리고 한국어를 보면서 바로 말할 수 있는지 체크해보세요. 59 02

☐	빨랫감이 정말 많네요!	You have so much laundry to do!
☐	이 집에 사는 식구가 많다 보니까요.	We have a lot of people living in this house.
☐	세탁기에 빨래를 모두 넣자.	Let's put all the laundry in the washing machine.
☐	빨래 개는 데도 한세월 걸리겠어요.	I'm pretty sure it's going to take forever to fold them.
☐	빨래 안 한 가족들이 개는 거 도와줄 거야.	Those not doing the laundry will help fold the laundry.
☐	운반해야 할 물건들이 너무 많다.	I have so much stuff to carry.
☐	거기 가려면 평생 걸리겠다.	It will take forever to get there.
☐	우리가 더 나은 주거 환경을 만드는 걸 돕겠습니다.	We will help make a better living environment.

1 I have so much good stuff to read. **2** Put the coins in the piggy bank. **3** It will take forever to download this file. **4** Those not joining the program will have to pay fines. **5** We will help make a better society.

세탁 후 옷 분류하기

세탁을 했으니 이제 빨래를 널어야겠죠?
빨래의 완성은 빨랫감을 뽀송뽀송하게 말리는 거죠.
빨래를 잘 말리는 애나의 노하우를 들어볼까요?

리나!? 왜 그렇게 심각한 표정이에요?

지금 뉴스를 보고 있었는데요,
악어가 글쎄…
애나가 옷 분류를 도와달라고 하네요.
잠시만요, 선생님.

Live Talk

오늘의 대화문을 귀 기울여 들어보세요. 

Anna　Lina! I think the laundry is done!
Can you help me separate the clothes?

Lina　Sorry. I was watching the news about the man bitten by an alligator in Florida.

Anna　Really? Did they take him to the hospital in time?

Lina　Yeah. Luckily, he survived.

Anna　Thank God. Okay, let's work on this. Some clothes can't go in the dryer. We'll have to separate them.

Lina　Which one can't go in the dryer?

Anna　Well… bathing suits, anything with rubber or faux crystal beads.

Lina　OK. I'm on it.

Anna　Thank you, Lina.

done 다 끝난, 완료된 **separate** 나누다, 분류하다 **bite** (이빨로) 물다 (과거분사형 bitten) **alligator** 악어 **in time** 제시간에 **survive** 생존하다, 살아남다 **work on** ~에 착수하다, 애쓰다 **dryer** 건조기 **bathing suit** 수영복 **rubber** 고무; 고무로 만든 **faux** 가짜의, 모조의 **crystal** 크리스탈, 수정, 유리 **bead** 비즈, 구슬

애나	리나! 세탁기 다 돌아간 거 같구나! 옷 분류하는 거 좀 도와주겠니?
리나	죄송해요. 플로리다주에서 악어한테 물린 남자에 대한 뉴스를 보고 있었어요.
애나	정말? 제때 병원에 데려갔대?
리나	네. 다행히 살았어요.
애나	다행이다. 그럼, 우린 일하자꾸나. 건조기에 넣으면 안 되는 옷도 있어서, 그 옷들을 분리해야 해.
리나	어떤 옷을 건조기에 넣을 수 없나요?
애나	음… 수영복이나, 고무나 인조 크리스털 비즈가 들어간 것들.
리나	네. 해볼게요.
애나	고마워, 리나.

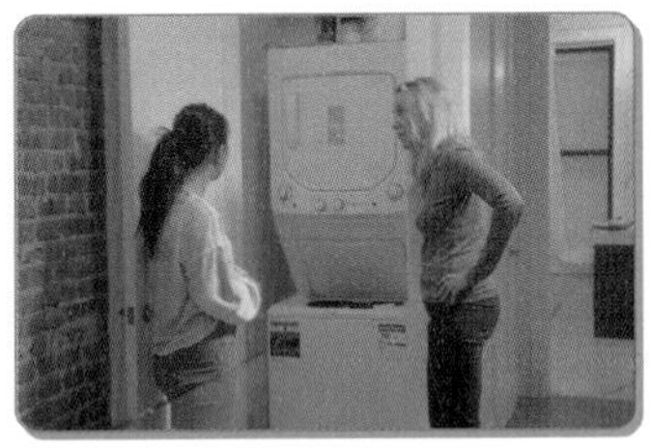

Grammar Point

회화를 튼튼하게 해주는 문법 원 포인트 레슨을 확인해보세요.

사람을 뒤에서 꾸미는 과거분사 〈사람 + p.p.〉

'악어에 물린 남자'를 영어로 어떻게 표현해야 할까요? 이때는 man(남자) 뒤에 bitten by an alligator(악어에 물린)를 붙여주면 됩니다. 과거분사(p.p.)가 명사를 꾸밀 때는 fallen leaves(떨어진 나뭇잎)처럼 명사 앞에서 꾸미기도 하지만, bitten by an alligator처럼 꾸미는 내용이 길 때는 명사 뒤에 옵니다.

사람을 꾸미는 내용이 능동이면 현재분사를 쓰고, 수동이면 과거분사를 씁니다. 따라서 사람 뒤에 과거분사를 쓰면 '~된[당한] 사람'이라는 수동의 뜻이 됩니다. '악어에게 공격당한 남자'는 the man attacked by an alligator라고 표현할 수 있어요.

- **I was watching the news about the man bitten by an alligator.**

Expression Point

회화 실력을 업그레이드해주는 표현을 익혀보세요.

Can you help me separate the clothes?

옷 분류하는 거 좀 도와주겠니?

help 다음에 나오는 to부정사는 대부분 to가 생략되고 동사원형으로 쓴다는 것을 앞에서 설명했지요. 이건 help 다음에 목적어가 올 때도 마찬가지입니다. '~가 ~하는 것을 돕다'는 〈help+목적어+동사원형〉을 쓰면 되고, '~가 ~하는 거 도와줄 수 있어?'는 〈Can you help+목적어+동사원형?〉을 쓰면 됩니다.

Can you help Linda carry the boxes? 린다가 박스 나르는 거 도와줄 수 있어?
Can you help John walk his dogs? 존이 개들을 산책시키는 거 도와줄 수 있어?
Can you help me make bibimbap for dinner?
내가 저녁으로 비빔밥 만드는 거 도와줄래?

Did they take him to the hospital in time?

그 사람을 제때 병원에 데려갔대?

take A to B는 'A를 B로 데려가다'라는 뜻입니다. 미래에 '데려갈 거야'라고 하려면 will take를 쓰고, 과거에 '데려갔어'라고 하려면 take의 과거형 took를 사용합니다.

I will take him to your house. 내가 그를 너희 집에 데려갈게.
Will you take me to the airport? 저를 공항에 데려다줄래요?
Cindy took her son to her favorite restaurant.
신디는 아들을 그녀가 가장 좋아하는 식당에 데려갔다.

Did they take him to the hospital in time?

그 사람을 제때 병원에 데려갔대?

in time은 '시간에 맞춰', '늦지 않게'라는 뜻입니다. 비슷하게 생긴 on time은 '정시에'라는 뜻이므로 구별해서 써야 합니다. '기차가 정시에 도착했어.'는 The train arrived on time.이라고 해야 어울립니다.

You will get there in time, if you hurry.	서두르면 거기 제시간에 도착할 거야.
It's impossible to finish this in time.	이걸 제시간에 끝내는 건 불가능해.
You're just in time for lunch.	점심시간에 잘 맞춰 왔네.

Let's work on this.

우린 일하자꾸나.

work on은 '~에 착수하다', '~에 공을 들이다' 등 여러 뜻으로 사용됩니다. work on 뒤에 뭐가 오느냐에 따라 뜻이 달라집니다. work on 뒤에 그림이 나오면 '그림을 그리다', 소설이 나오면 '소설을 쓰다'가 되는 식이지요.

She is working on her new novel. 그녀는 새로운 소설을 쓰고 있어.
I have to work on this project now. 난 이제 이 프로젝트와 씨름해야 해.
The director will work on his new film from next month.
그 감독은 다음 달부터 새로운 영화에 착수할 것이다.

Some clothes can't go in the dryer.

건조기에 넣으면 안 되는 옷도 있어서.

go in은 '~에 들어가다'라는 뜻이에요. Let's go in. It's cold outside.(들어갑시다. 밖은 추워요.)처럼 쓸 수 있어요. 하지만 위 예문처럼 사물이 주어인 경우에는 '~에 넣다'라고 해석하는 게 자연스러울 때도 있습니다.

Plastic bottles go in this box. 플라스틱 병들은 이 상자에 넣으면 돼.
Let's go in and look around. 들어가서 둘러보자.
About 30 percent of my income goes in a college fund for my kids.
내 수입의 약 30%가 아이들을 위한 대학 자금으로 들어가.

Drill 1

학습한 내용을 응용하여 영작해보세요.

1 ______________________________

내 노트북 컴퓨터 수리하는 거 도와줄 수 있어?

보기 me, can, repair, you, my, laptop, help, computer

2 ______________________________

네 생일파티에 내 아내를 데려가도 될까? 보기 my, can, to, I, take, birthday, your, party, wife

3 ______________________________

쇼핑몰이 크리스마스에 딱 맞춰 문을 열었다.

보기 the, in, mall, opened, time, just, for, Christmas, shopping

4 ______________________________

난 내일부터 학위 논문에 착수해야 해.

보기 work, I, have, will, to, from, tomorrow, thesis, on, my

5 ______________________________

이 옷들이 내 여행가방에 안 들어가네. 보기 go, trunk, clothes, these, won't, in, my

Drill 2

영어를 가리고 한국어를 보면서 바로 말할 수 있는지 체크해보세요.

☐ 옷 분류하는 거 좀 도와주겠니?	Can you help me separate the clothes?
☐ 악어한테 물린 남자에 대한 뉴스를 보고 있었어요.	I was watching the news about the man bitten by an alligator.
☐ 그 사람을 제때 병원에 데려갔대?	Did they take him to the hospital in time?
☐ 우린 일하자꾸나.	Let's work on this.
☐ 건조기에 넣으면 안 되는 옷도 있어.	Some clothes can't go in the dryer.
☐ 고무가 있는 건 뭐든 다.	Anything with rubber.
☐ 저를 공항에 데려다줄래요?	Will you take me to the airport?
☐ 점심시간에 잘 맞춰 왔네.	You're just in time for lunch.

1 Can you help me repair my laptop computer? **2** Can I take my wife to your birthday party? **3** The shopping mall opened just in time for Christmas. **4** I will have to work on my thesis from tomorrow. **5** These clothes won't go in my trunk.

욕실에 보관하는 비상약

타지에서 가장 서럽고 속상할 때는 몸이 아플 때죠.
오늘 리나의 안색이 안 좋아 보이는데 무슨 일일까요?

리나, 안색이 안 좋아 보이네요?

아침부터 컨디션이 좀 안 좋은 거 같아요.

저런! 오늘은 푹 쉬어요! 약 잘 챙겨 먹고요.

Live Talk

오늘의 대화문을 귀 기울여 들어보세요. 

Lina	I have a slight headache.
	And I saw the medicine stored somewhere.
Caelyn	샘한테 약이 어디 있는지 물어보는 게 어때요?
Lina	Sam?
Sam	Yeah, Lina. What's up?
Lina	So… I have a headache.
	Can you show me where you keep your meds?
Sam	Sure! They're in the medicine cabinet in the bathroom. The cabinet painted pink is the medicine cabinet.
Lina	Oh, I knew I saw them somewhere.
Sam	You said you had a headache, right?
	Let me grab them for you.
Lina	Really?
Sam	Yeah.
Sam	You should take two of these with water.
Lina	OK. Thank you.
Sam	Hope you feel better soon.
Lina	You're so sweet. Thank you.

slight 경미한, 약간의 **headache** 두통 **medicine** 약 **store** 보관하다, 저장하다 **somewhere** 어딘가에 **keep** 두다, 보관하다 **meds**(=**medicines**) 약 **cabinet** 캐비닛, 보관함 **medicine cabinet** 약장, 약품 수납 선반 **grab** 급히 가져오다, 붙잡다 **feel better** 몸이 낫다, 기분이 좋아지다

리나	저 약간 두통이 있어요. 어디서 약이 있는 걸 봤는데.	리나	아, 어디서 본 거 같더라.
케일린	샘한테 약이 어디 있는지 물어 보는 게 어때요?	샘	두통이 있다고 했지? 내가 갖다줄게.
리나	샘?	리나	정말?
샘	응, 리나. 왜?	샘	응.
리나	그게… 나 두통이 있어서. 약을 어디에 두는지 좀 알려줄래?	샘	물이랑 두 알 먹어.
샘	그럼. 욕실 약 캐비닛 안에 있어. 분홍색으로 칠해진 게 약 캐비닛이야.	리나	응. 고마워.
		샘	얼른 나으면 좋겠다.
		리나	너 진짜 착하다. 고마워.

Grammar Point

회화를 튼튼하게 해주는 문법 원 포인트 레슨을 확인해보세요.

사물을 뒤에서 꾸미는 과거분사 〈사물 + p.p.〉

사람을 뒤에서 꾸미는 과거분사에 대해 살펴봤었지요. 동일한 방법으로 과거분사는 사물 뒤에도 쓰입니다. 〈사물 + p.p.〉는 '~ 상태의 사물', '~된 사물'이라는 뜻이 됩니다.
'어딘가에 보관된 약'을 영어로 말할 때 medicine(약) 뒤에 stored somewhere(어딘가에 보관된)를 쓰면 됩니다. '보관된'이라는 수동의 의미이기 때문에 과거분사 stored를 쓴 거예요.

- **I saw the medicine stored somewhere.**
- **The cabinet painted pink is the medicine cabinet.**

I have a slight headache.

저 약간 두통이 있어요.

통증을 뜻하는 한자어 '통(痛)'에 해당하는 영어 단어가 '아프다'는 뜻의 -ache입니다. headache(두통), stomachace(복통), toothache(치통)처럼 비교적 흔한 통증의 경우에는 아픈 부위 이름 뒤에 -ache를 붙이면 됩니다.

I have a toothache. 치통이 있어.
My stomachache is gone. 복통이 사라졌어요.
Do you have an earache? 귀에 통증이 있어?

Can you show me where you keep your meds? 약을 어디에 두는지 좀 알려줄래?

show는 '보여주다'라는 뜻이지요. Can you show me~? 하면 '~ 좀 보여줄래요?'라는 뜻이지만, '~ 좀 알려줄래요?' 하고 부탁할 때도 많이 쓰입니다. 직접 보여주는 게 새로운 걸 알려주는 가장 확실한 방법이기도 하잖아요.

Can you show me where the school is? 학교가 어디 있는지 좀 알려줄래?
Can you show me how to get there? 거기 가는 방법 좀 알려줄래요?
Can you show me how to play chess? 체스 두는 법 좀 알려주실래요?

Let me grab them for you.

내가 갖다줄게.

grab은 뭔가를 손으로 '움켜쥐다'라는 뜻인데, 그 외에 '금방 가져오다[사 오다]'라는 의미도 있습니다. 미국에서는 특히 햄버거나 팝콘, 핫도그, 커피 등 한 손으로 움켜쥐고 먹는 음식을 사 올 때 grab을 많이 씁니다.

Let me grab some popcorn first.	우선 팝콘 좀 살게.
Let me just grab a coffee.	커피 좀 사 올게.
Let me grab something from my car.	내 차에서 뭐 좀 가져올게.

You should take two of these with water.

물이랑 이거 두 알 먹어.

약을 먹을 때는 동사 eat을 써서 eat a medicine, eat a pill이라고 말하지 않아요. 약의 경우에는 동사 take를 써서 take a medicine(약을 먹다), take a pill(알약을 먹다) 등으로 표현합니다.

I take vitamin C every morning.	나는 아침마다 비타민C를 먹는다.
It's time to take your medicine.	약 먹을 시간이야.
She took a painkiller after the surgery.	그녀는 수술 후에 진통제를 복용했다.

Hope you feel better soon.

얼른 나으면 좋겠다.

hope는 '희망'이란 명사로도 쓰이고 '희망하다, 바라다'라는 뜻의 동사로도 사용됩니다. 비슷한 뜻의 wish보다는 더 현실적이고 충분히 실현 가능한 걸 바랄 때 씁니다. 원래는 I hope you~라고 주어를 써야 하지만 일상 대화에서는 I를 생략할 때가 많아요.

Hope you have a great day.	멋진 하루 되길.
Hope you enjoy the show.	공연을 즐기시길 바랍니다.
Hope you had a good weekend.	주말 잘 보내셨다면 좋겠네요.

Drill 1

학습한 내용을 응용하여 영작해보세요.

1 ______________________

저 복통이 심해요. **보기** stomachache, have, I, severe, a

2 ______________________

그거 어디서 찾을 수 있는지 알려줄래? **보기** can, find, it, you, I, me, can, where, show

3 ______________________

내가 먹을 것 좀 사 올게. **보기** something, eat, to, grab, me, let

4 ______________________

저는 복용하는 약은 없어요. **보기** medicine, any, I, take, don't

5 ______________________

오늘 밤에 잘 주무시면 좋겠네요. **보기** hope, tonight, well, sleep, you

Drill 2

영어를 가리고 한국어를 보면서 바로 말할 수 있는지 체크해보세요. 61 02

☐ 저 약간 두통이 있어요.	I have a slight headache.
☐ 약을 어디에 두는지 좀 알려줄래?	Can you show me where you keep your meds?
☐ 어디서 약이 있는 걸 봤는데.	I saw the medicine stored somewhere.
☐ 분홍색으로 칠해진 게 약 캐비닛이야.	The cabinet painted pink is the medicine cabinet.
☐ 내가 갖다줄게.	Let me grab them for you.
☐ 물이랑 이거 두 알 먹어.	You should take two of these with water.
☐ 얼른 나으면 좋겠다.	Hope you feel better soon.
☐ 커피 좀 사 올게.	Let me just grab a coffee.
☐ 나는 아침마다 비타민C를 먹는다.	I take vitamin C every morning.

정답 **1** I have a severe stomachache. **2** Can you show me where I can find it? **3** Let me grab something to eat. **4** I don't take any medicine. **5** Hope you sleep well tonight.

변기 뚫는 도구 빌리기

살면서 정말 난감했던 일들을 꼽으라면 분명 변기가 막혔을 때가 있지 않을까요? 생각만 해도 당황스러운 상황인데 리나에게 이런 상황이 생겼나 봐요. 리나는 과연 어떻게 해결할까요?

선생님, 저 어떡하죠?
변기가 막혔는데
뚫어뻥이 안 보여요.

어머, 저런!
제시카한테 한번 물어봐요!

Live Talk

오늘의 대화문을 귀 기울여 들어보세요.

Lina　Hey, Jess. Do you have a moment?

Jessica　Sure, what can I do for you?

Lina　Do you have a plunger? Would you tell me where it is?

Jessica　Oh, is the toilet clogged?

Lina　Yeah. I think I put too much toilet paper in it.

Jessica　Don't worry. I think the plunger is in my parents' bathroom. Let me go get it for you.

Lina　Thank you.

Jessica　Here you go.

Lina　Thank you.

Jessica　Tell me when you're done using it. I have to put it back in the bathroom where I took it from.

Lina　Don't worry. After I use it, I'll just put it back.

Jessica　OK. Call me if you need my help!

Lina　OK!

plunger (손잡이 끝에 흡착 고무판이 붙어 있는) 배관 뚫는 도구　**toilet** 변기　**clog** 막다, 막히다　**toilet paper** (화장실용) 휴지　**put back** 제자리에 갖다 놓다

리나	저기, 제시카. 잠깐 시간 있어?
제시카	응, 무슨 일이야?
리나	변기 뚫는 도구 있어? 어딨는지 알려줄래?
제시카	아, 변기 막혔어?
리나	응. 휴지를 너무 많이 넣었나 봐.
제시카	걱정하지 마. 부모님 화장실에 있을 거야. 갖다줄게.
리나	고마워.
제시카	여기 있어.
리나	고마워.
제시카	다 쓰면 말해줘. 가져온 화장실에 도로 갖다 놔야 하거든.
리나	걱정하지 마. 사용하고 내가 가져다 놓을게.
제시카	알겠어. 도움이 필요하면 불러!
리나	알았어!

Grammar Point

회화를 튼튼하게 해주는 문법 원 포인트 레슨을 확인해보세요.

목적어로 쓰이는 〈where+주어+동사〉

'그게 어디 있는지 말해줘'를 영어로 말하려면 Tell me(말해줘) 뒤에 where it is(그게 어디 있는지)를 붙이면 됩니다. where it is가 동사 tell의 목적어로 쓰인 거예요. 이때 where 뒤에는 '주어+동사'의 순서로 쓴다는 점을 주의하세요.

- **Would you tell me where it is?**

장소를 뒤에서 꾸미는 〈where+주어+동사〉

장소를 뒤에서 보충 설명할 때는 where를 사용합니다. I have to put it back in the bathroom(그것을 화장실에 도로 갖다 놔야 해)이라고 말한 다음 bathroom에 대해 '내가 그것을 가져온'이라고 보충 설명을 하려면 뒤에 where I took it from을 붙이면 됩니다. 이렇게 어떤 장소에 대한 설명을 덧붙일 때는 장소 뒤에 〈where+주어+동사〉를 붙입니다.

- **I have to put it back in the bathroom where I took it from.**

Expression Point

회화 실력을 업그레이드해주는 표현을 익혀보세요.

Would you tell me where it is?

어디 있는지 알려줄래?

'~이 어디에 있는지 알려주다'를 영어로 말하려면 tell me 뒤에 〈where+주어+동사〉를 붙이면 됩니다. 어순을 혼동하여 〈where+동사+주어〉로 말하면 안 됩니다. 좀더 공손하게 알려달라고 부탁하려면 앞에 Would/Could/Can you를 붙입니다.

Please tell me where my room is. 제 방이 어디인지 알려주세요.
Can you tell me where your office is? 사무실이 어디 있는지 알려주실래요?
Could you tell my husband where his car is parked?
제 남편에게 차가 어디 주차돼 있는지 알려주실래요?

Let me go get it for you.

내가 갖다줄게.

'가다'는 뜻의 go 다음에 바로 이어서 동사가 나오면 '가서 ~하다'라는 뜻이 됩니다. 따라서 go get it은 '가서 그것을 가져오다'라는 뜻이에요. '영화 보러 가자.'는 Let's go see a movie.라고 할 수 있어요.

Let me go buy it. 내가 가서 사 올게.
I'll go find them. 내가 가서 그들을 찾아올게.
Go shut the door, please. 가서 문 좀 닫아줘.

Tell me when you're done using it.

다 쓰면 말해줘.

〈Tell me when+주어+동사〉는 '~하면 알려줘', '~할 때 알려줘'라는 뜻입니다. 이때 when 뒤에도 '주어+동사'의 어순이라는 점에 주의하세요.

Tell me when you're ready. 준비되면 알려줘.
Tell me when Jessica is home. 제시카가 집에 있을 때 알려줘.
Tell me when he is in a good mood. 그가 기분이 좋을 때 알려주세요.

I have to put it back in the bathroom where I took it from.

가져온 화장실에 도로 갖다 놔야 하거든.

put ~ back은 '~을 제자리에[원래 있던 곳에] 가져다 놓다'라는 뜻입니다. '그거 원래 있던 곳에 도로 가져다 놔.'는 Put it back to where it was.라고 하면 됩니다.

Put it back where you found it.
그거 네가 찾았던 곳에 다시 갖다 놔.

Can you put this dress back in the closet?
이 드레스를 옷장에 다시 넣어줄래?

Please put things back where they belong.
물건들을 원래 있던 위치에 놓아주세요.

Call me if you need my help!

도움이 필요하면 불러!

call에는 '전화하다'라는 뜻도 있고 '부르다'라는 뜻도 있어요. Call me if~는 '~하면 불러[전화해]'라는 뜻입니다. 말로 부르라는 것인지, 전화하라는 것인지는 상황에 따라 파악하면 됩니다.

Call me if you're lonely. 외로우면 전화해.
Call me if you need someone to talk to. 말벗이 필요하면 연락해.
Call John if you need help with your schedule.
네 일정 관련해서 도움이 필요하면 존을 불러.

Drill 1

학습한 내용을 응용하여 영작해보세요.

1 ______________________________

편의점이 어디 있는지 좀 알려주세요. **보기** convenience, me, where, tell, a, is, please, store

2 ______________________________

가서 낮잠이나 잘래. **보기** go, I'll, a, nap, take

3 ______________________________

네가 너무 피곤하면 알려줘. **보기** you, tell, are, me, tired, too, when

4 ______________________________

그녀는 프라이팬을 가스레인지 위에 다시 올려놓았다.

보기 the, pan, back, she, put, on, stove, frying, the, gas

5 ______________________________

제가 문제가 생기면 전화 드려도 될까요? **보기** I, a, if, problem, can, call, I, have, you

Drill 2

영어를 가리고 한국어를 보면서 바로 말할 수 있는지 체크해보세요. 

☐ 잠깐 시간 있어?	Do you have a moment?
☐ 그게 어디 있는지 알려줄래?	Would you tell me where it is?
☐ 내가 가서 갖다줄게.	Let me go get it for you.
☐ 다 쓰면 말해줘.	Tell me when you're done using it.
☐ 가져온 화장실에 도로 갖다 놔야 하거든.	I have to put it back in the bathroom where I took it from.
☐ 도움이 필요하면 불러!	Call me if you need my help!
☐ 사용하고 내가 다시 가져다 놓을게.	After I use it, I'll just put it back.
☐ 내가 가서 사 올게.	Let me go buy it.
☐ 준비되면 알려줘.	Tell me when you're ready.

정답 **1** Please tell me where a convenience store is. **2** I'll go take a nap. **3** Tell me when you are too tired. **4** She put the frying pan back on the gas stove. **5** Can I call you if I have a problem?

자동차 흠집 살펴보기

애나의 차에 무슨 문제라도 생긴 걸까요?
애나가 주차한 차를 보며 리나와 어떤 대화를 나누고 있는지 함께 보시죠.

어? 집에 누가 온 것 같아요!

애나가 주차하고 있어요.
나가 볼게요.

Live Talk

오늘의 대화문을 귀 기울여 들어보세요. 

Lina	What's wrong, Anna? Anything wrong with the car?
Anna	Do you remember when I went grocery shopping this week?
Lina	I think that was Tuesday.
Anna	Oh, was it? Well, I didn't see a hole in the ground. I drove right through it. I think maybe I scratched the wheel or something.
Lina	I'll help you!
Caelyn	Did you find anything?
Anna	No. I didn't see anything. Do you, Lina?
Lina	Nope. I don't see a single scratch.
Anna	Phew! I thought I scratched the car big time.
Lina	There are those times when you feel like something bad's gonna happen but they don't.

hole 구덩이, 구멍 **drive** 운전하다 (과거형 drove) **right through** 곧바로[거침없이] 통과하는
scratch 긁다, 할퀴다; 긁힌 자국[상처] **wheel** 바퀴, 핸들 **single** 단 하나의 **big time** 대단히, 크게

리나	애나, 무슨 일이에요? 차에 무슨 문제라도 있어요?
애나	이번 주에 내가 장 보러 갔던 때 기억하니?
리나	화요일이었던 것 같아요.
애나	아, 그래? 음, 땅에 있는 구덩이를 못 보고 그 위로 달려버렸지 뭐니. 바퀴나 어디에 스크래치를 낸 거 같아서 말이야.
리나	도와드릴게요!
케일린	뭐 좀 찾았나요?
애나	아뇨. 아무것도요. 리나, 너는?
리나	없어요. 스크래치 하나 안 보여요.
애나	휴! 난 또 내가 차를 심하게 긁은 줄 알았네.
리나	뭔가 안 좋은 일이 일어날 것 같은데 그렇지 않은 날들이 있죠.

Grammar Point

회화를 튼튼하게 해주는 문법 원 포인트 레슨을 확인해보세요.

목적어로 쓰이는 〈when+주어+동사〉

'내가 장 보러 갔던 때 기억하니?'를 영어로 말하려면 Do you remember(기억하니?) 뒤에 when I went grocery shopping(내가 장 보러 갔던 때)을 붙이면 됩니다. when절이 동사 remember의 목적어로 쓰인 거예요. 이때 when 뒤에는 '주어+동사'의 순서로 쓴다는 점을 주의하세요.

- **Do you remember when I went grocery shopping?**

시간을 뒤에서 꾸미는 〈when+주어+동사〉

시간을 뒤에서 보충 설명할 때는 when을 사용합니다. There are those times(그런 때가 있다)라고 말한 다음 those times에 대해 '뭔가 안 좋은 일이 일어날 것 같은'이라고 보충 설명을 하려면 뒤에 when you feel like something bad's gonna happen을 붙이면 됩니다. 이렇게 시간에 대한 설명을 덧붙일 때는 시간 뒤에 〈when+주어+동사〉를 붙입니다.

- **There are those times when you feel like something bad's gonna happen.**

Anything wrong with **the car?**

차에 무슨 문제라도 있어요?

상대방이 슬퍼 보이거나 평소와 다른 행동을 할 때 What's wrong with you?라고 묻곤 합니다. '너 무슨 문제 있어?', '너 왜 그래?'라는 뜻이지요. 이와 비슷한 뜻으로 Anything wrong with you?라고 할 수도 있습니다. with 뒤에 다양한 대상을 붙여서 물어보세요.

Anything wrong with **your phone?** 네 전화기에 무슨 문제 생겼어?
Anything wrong with **Sean?** 숀에게 무슨 문제 생겼어?
Anything wrong with **your school?** 너희 학교에 무슨 문제 있어?

I think maybe **I scratched the wheel or something.**

바퀴나 어디에 스크래치를 낸 거 같아서 말이야.

I think maybe I 뒤에 동사의 과거형이 오면 '내가 ~했을 수도 있을 것 같아'라는 뜻입니다. I think(내 생각에는)와 maybe(아마도)를 함께 써서 위의 상황처럼 인정하기 싫거나 기억이 잘 안 나는 과거에 대해 조심스럽게 말하는 어감을 줍니다.

I think maybe **he was right.** 그의 말이 맞았을 수도 있을 것 같아.
I think maybe **I was wrong.** 내가 틀렸던 건지도 모르겠네.
I think maybe **she didn't love me.** 아마도 그녀가 날 사랑하지 않았었나 봐.

I don't see a single **scratch.**

스크래치 하나 안 보여요.

I don't see a single~은 '한 개의 ~도 안 보여'라는 뜻입니다. 여기서 single은 '단 하나도'라고 강조하기 위해 쓴 거예요.

I don't see a single **dot.**	점이 하나도 안 보여요.
I didn't see a single **person there.**	거기서 사람 한 명도 못 봤어.
I don't see a single **Asian on the list.**	명단에 아시아인은 한 명도 없네.

I thought I scratched the car big time.

내가 차를 심하게 긁은 줄 알았네.

I thought I 다음에 동사의 과거형이 오면 '내가 ~한 줄 알았어'라는 뜻이 됩니다. 뭔가를 한 줄 알았는데 결론은 하지 않았다는 거지요.

I thought I told **you.**	너한테 얘기한 줄 알았어.
I thought I wanted **to be a teacher.**	전 제가 교사가 되길 원한다고 생각했어요.
I thought I gave **you my phone number.**	내 전화번호를 너한테 준 줄 알았어.

I thought I scratched the car big time.

내가 차를 심하게 긁은 줄 알았네.

여기서 big time은 '엄청난, 대단히, 크게'라는 뜻의 부사로 쓰였습니다. 이 외에 big time은 '대성공'이라는 명사로도 쓰이고 '일류의', '대~'라는 형용사로도 쓰입니다. 우리가 방송에서 흔히 사용하는 '대스타'를 영어로 말할 때 a big-time star라고 표현합니다.

I owe you big time.	내가 너에게 크게 신세 졌다.
His new album hit the big time.	그의 새로운 앨범은 크게 히트를 쳤다.
Things will change big time **in 10 years.**	10년 뒤에는 상황이 크게 달라질 거야.

Drill 1

학습한 내용을 응용하여 영작해보세요.

1 ______________________________

네 일정에 무슨 문제 있어? **보기** with, wrong, schedule, anything, your

2 ______________________________

아마도 내가 걔한테 싫증이 났었나 봐. **보기** became, I, think, of, him, maybe, tired, I

3 ______________________________

먼지 한 점 안 보여요. **보기** single, I, see, a, of, dust, don't, speck

4 ______________________________

내가 이미 등록한 줄 알았어요. **보기** registered, I, already, thought, I

5 ______________________________

이 프로젝트로 너는 돈이 많이 들 수 있어. **보기** project, this, cost, you, can, time, big

Drill 2

영어를 가리고 한국어를 보면서 바로 말할 수 있는지 체크해보세요. 

☐ 차에 무슨 문제라도 있어요?	Anything wrong with the car?
☐ 내가 장 보러 갔던 때 기억하니?	Do you remember when I went grocery shopping?
☐ 바퀴나 어디에 스크래치를 낸 거 같아서 말이야.	I think maybe I scratched the wheel or something.
☐ 스크래치 하나 안 보여요.	I don't see a single scratch.
☐ 내가 차를 심하게 긁은 줄 알았네.	I thought I scratched the car big time.
☐ 뭔가 안 좋은 일이 일어날 것 같은 날들이 있죠.	There are those times when you feel like something bad's gonna happen.
☐ 네 전화기에 무슨 문제 생겼어?	Anything wrong with your phone?
☐ 내가 틀렸던 건지도 모르겠네.	I think maybe I was wrong.
☐ 너한테 얘기한 줄 알았어.	I thought I told you.

정답 **1** Anything wrong with your schedule? **2** I think maybe I became tired of him. **3** I don't see a single speck of dust. **4** I thought I registered already. **5** This project can cost you big time.

다양한 용도로 쓰는 주택 차고

미국 드라마나 영화를 보면 차고와 잔디마당이 있는 주택을 자주 볼 수 있지요. 미국에서는 차고를 어떤 용도로 쓰는지 리나와 애나의 대화를 들어볼까요?

리나, 어디 가요?

차고에 가요.
애나가 짐을 갖다 두신다고 해서
같이 옮기는 중이에요.

오, 저번에 집 구경할 때
차고는 못 봤는데.

Live Talk

오늘의 대화문을 귀 기울여 들어보세요. 64 01

Lina	Wow! I've never really seen an actual American garage before.
Anna	It's nothing too special. It usually serves as a storage space.
Lina	Why is that?
Anna	Well, the reason why we use the garage as extra storage is simple. We don't have a lot of room in the house. And there are not that many places to store stuff like bicycles and gardening tools.
Lina	I heard some people turn their garages into band practice rooms.
Anna	Yes! My friend's family actually did that. And some people turn their garage into a movie theater, too.
Lina	That's so cool!

actual 실제의 **garage** 차고, 주차장 **serve as** ~의 역할을 하다, ~으로 쓰이다 **storage** 저장(소), 보관(소) **space** (빈) 공간, 자리, 장소 **extra** 추가의, 여분의 **room** 자리, 공간 **store** 보관하다, 저장하다 **stuff** 물건, 것, 일 **gardening tool** 원예 도구 **turn A into B** A를 B로 바꾸다 **band** (음악) 밴드, 악단 **practice** 연습, 실천 **movie theater** 영화관

리나	와! 실제로 미국 차고를 보는 건 처음이에요.
애나	그다지 특별한 건 없어. 주로 창고로 써.
리나	왜요?
애나	차고를 추가 창고로 쓰는 이유는 단순해. 집 내부에 공간이 많이 없어서야. 그리고 자전거나 원예 도구 같은 것을 놔둘 만한 곳도 부족해.
리나	어떤 사람들은 차고를 밴드 연습실로 만든다고도 들었어요.
애나	맞아! 내 친구 가족도 그렇게 했지. 차고를 영화관으로 만드는 사람들도 있어.
리나	멋지네요!

Grammar Point

회화를 튼튼하게 해주는 문법 원 포인트 레슨을 확인해보세요.

the reason을 뒤에서 꾸미는 〈why+주어+동사〉

the reason 다음에 〈why+주어+동사〉가 나오면 '~하는 이유'라는 뜻이 됩니다. the reason을 뒤에서 보충 설명하기 위해 〈why+주어+동사〉가 쓰인 거지요. '내가 널 사랑하는 이유'는 the reason why I love you, '내가 운전을 안 하는 이유'는 the reason why I don't drive라고 하면 됩니다. 여기서 the reason만 쓰거나 why만 써도 된다는 것도 알아두세요.

- **The reason why we use the garage as extra storage is simple.**

Expression Point

회화 실력을 업그레이드해주는 표현을 익혀보세요.

I've never really seen an actual American garage before.

실제로 미국 차고를 보는 건 처음이에요.

현재완료형인 I've seen은 '본 적이 있다'는 뜻이에요. 여기에 never를 붙이면 '한 번도 본 적이 없다'는 뜻이에요. really는 '실제로'라는 뜻이므로 I've never really seen~은 '실제로 ~을 본 적이 없다' 또는 '~을 실제로 본 건 처음이다'라는 뜻이 됩니다.

I've never really seen a celebrity. 유명인을 실제로 본 적이 없어요.

I've never really seen an emperor penguin.
황제펭귄을 실제로 본 건 처음이에요.

I've never really seen a humanoid.
휴머노이드(인간을 닮은 로봇)를 실제로 본 건 처음이에요.

It usually serves as a storage space.

주로 창고로 써.

serve as는 '~의 역할을 하다', '~으로 쓰이다'라는 뜻이에요. 어떤 물건의 용도를 말하거나 어떤 사람의 역할을 말할 때 serve as를 사용해보세요. storage space는 '저장 공간'이므로 '창고'를 말하는 거예요.

This sofa serves as a bed as well. 이 소파는 침대로도 사용된다.

This cup will serve as a pencil holder. 이 컵은 연필꽂이로 제격일 거야.

Mr. Hudson will serve as our representative for three years.
허드슨 씨가 3년 동안 우리 대표로 일해주실 겁니다.

The reason why we use the garage as extra storage is simple.

차고를 추가 창고로 쓰는 이유는 단순해.

the reason 다음에 〈why+주어+동사〉가 나오면 '~하는 이유'라는 뜻이 됩니다. the reason을 보충 설명하기 위해 뒤에 〈why+주어+동사〉를 쓰는 방법을 연습해보세요.

Now I know the reason why you hate him.
이제 네가 걔를 싫어하는 이유를 알겠네.

This is the reason why she left me. 이게 그녀가 날 떠난 이유야.

Here is the reason why I have to fire you.
내가 당신을 해고해야 하는 이유가 여기 있어.

We don't have a lot of room in the house.

집 내부에 공간이 많이 없어.

a lot of는 '많은'이라는 뜻입니다. '많은'이라는 뜻의 영어 단어 중에서 many는 셀 수 있는 명사에 쓰고, much는 money나 water처럼 셀 수 없는 명사에 써요. 그런데 a lot of는 양쪽 모두 쓸 수 있습니다.

We don't have a lot of money. 우린 돈이 많지 않아.

We don't have a lot of time. 우린 시간이 많지 않아.

We don't have a lot of students. 우린 학생들이 많지 않아요.

I heard some people turn their garages into band practice rooms.

어떤 사람들은 차고를 밴드 연습실로 만든다고 들었어요.

turn A into B는 'A를 B로 바꾸다[변신시키다]'라는 뜻입니다. 예문에서는 their garages(그들의 차고)를 band practice rooms(밴드 연습실)로 바꾼다는 거죠. A turn into B 형태로 쓰일 때도 많은데, 이는 'A가 B로 바뀌다'라는 뜻이에요.

The magician turned a rabbit into a dove.
마술사는 토끼를 비둘기로 바꿔놨다.

This kind of behavior can turn into a bad habit.
이런 종류의 행동은 나쁜 습관으로 바뀔 수 있다.

When water turns into ice, it expands.
물은 얼음으로 바뀌면서 부피가 커진다.

Drill 1

학습한 내용을 응용하여 영작해보세요.

1 ______________________________

마술 쇼를 실제로 본 건 처음이에요. **보기** magic, seen, I've, really, a, show, never

2 ______________________________

통역을 맡아줄 수 있어요? **보기** serve, can, you, interpreter, an, as

3 ______________________________

내가 그를 좋아하는 이유는 설명하기 어려워.

보기 I, hard, like, the, him, reason, explain, why, is, to

4 ______________________________

우린 친구가 많지 않아요. **보기** have, we, lot, don't, a, friends, of

5 ______________________________

현재 진행 중인 위기가 전쟁으로 바뀔 수도 있어요.

보기 into, the, crisis, can, turn, a, war, ongoing

Drill 2

영어를 가리고 한국어를 보면서 바로 말할 수 있는지 체크해보세요. 

☐ 실제로 미국 차고를 보는 건 처음이에요.	I've never really seen an actual American garage before.
☐ 주로 창고로 써.	It usually serves as a storage space.
☐ 차고를 추가 창고로 쓰는 이유는 단순해.	The reason why we use the garage as extra storage is simple.
☐ 집 내부에 공간이 많이 없어서야.	We don't have a lot of room in the house.
☐ 자전거 같은 것을 놔둘 만한 곳이 부족해.	There are not that many places to store stuff like bicycles.
☐ 어떤 사람들은 차고를 밴드 연습실로 만든다고 들었어요.	I heard some people turn their garages into band practice rooms.
☐ 차고를 영화관으로 만드는 사람들도 있어.	Some people turn their garage into a movie theater.

1 I've never really seen a magic show. **2** Can you serve as an interpreter? **3** The reason why I like him is hard to explain. **4** We don't have a lot of friends. **5** The ongoing crisis can turn into a war.

미국에서 집 구할 때 살펴보는 것

리나가 미국에 좀더 머물기로 했나 봐요. 그렇다면 이제 독립할 집을 구해야겠네요. 미국에서 집을 구하려면 무엇을 꼼꼼히 살펴봐야 하는지 마이클과의 대화를 들어볼까요?

미국에 조금 더 있기로 해서
방을 구해야 할 것 같은데…
혹시 미국에서 집 구해본 적 있으세요?

있긴 한데, 정말 오래 전이에요.
마이클에게 물어보는 건 어때요?

Live Talk

오늘의 대화문을 귀 기울여 들어보세요. 

Lina	Hey, Michael! Can I ask you something?
Michael	Sure. How can I help?
Lina	So… I talked to my parents and I might stay for an extra year in the States.
Michael	That's great news!
Lina	Yeah. So I would have to find a place to stay.
Caelyn	I know it won't be hard to get a room, but the way you look for houses would probably be different there.
Lina	Yeah, that's why I wanted to ask.
Michael	Well… it depends on what kind of place you want. For instance… how many bedrooms and how many bathrooms you want. And also if you want a studio apartment or an actual house.
Lina	In Korea, the way we find a house is a bit different. Usually, we look at the square meter of the property first.
Michael	Yeah, we rarely ask for square meters or even square feet.
Lina	So… if I stay longer, could you help me find a place?
Michael	Of course!
Lina	Thank you.

stay 머무르다, 지내다 **look for** 찾다, 구하다 **depend on** ~에 달려 있다 **what kind of** 어떤 종류의 **place** 장소, 집 **for instance** 예를 들어 **studio apartment** 원룸 **square meter** 제곱미터, 평방미터 **property** 부동산, 땅 **rarely** 거의 ~하지 않는 **square feet** 제곱피트, 평방피트

리나	마이클! 뭐 좀 여쭤봐도 될까요?
마이클	물론이지. 뭔데?
리나	부모님이랑 얘기했는데, 저 미국에 일 년 더 있을지도 몰라요.
마이클	정말 잘됐구나!
리나	네. 그래서 집을 구해야 할 거 같아서요.
케일린	방을 구하는 건 어렵지 않지만, 집을 찾는 방법은 여기랑 다를 거예요.
리나	맞아요, 그래서 여쭤보고 싶었던 거예요.
마이클	음… 원하는 집의 종류에 따라 달라. 예를 들면… 원하는 방과 욕실의 개수에 따라 다르지. 또 원룸인지 주택인지에 따라서도 다르고 말이야.
리나	한국에서 집을 구하는 방법은 조금 달라요. 보통, 집의 제곱미터부터 봐요.
마이클	여기선 제곱미터나 심지어 제곱피트는 거의 물어보지 않아.
리나	제가 더 머물게 되면, 집 구하는 거 도와주시겠어요?
마이클	물론이지!
리나	감사해요.

Grammar Point

회화를 튼튼하게 해주는 문법 원 포인트 레슨을 확인해보세요.

the way를 뒤에서 꾸미는 〈주어+동사〉

way에는 '길'뿐만 아니라 '방법'이라는 뜻이 있어요. the way 다음에 '주어+동사'가 나오면 '~하는 방법'이라는 뜻이 됩니다. the way를 뒤에서 보충 설명하기 위해 '주어+동사'가 쓰인 거지요. '스마트폰을 사용하는 방법'은 the way you use your smartphone이라고 하면 됩니다. 이때 the way 대신 how를 써도 됩니다.

- **The way you look for houses would be different there.**
- **In Korea, the way we find a house is a bit different.**

Expression Point

회화 실력을 업그레이드해주는 표현을 익혀보세요.

I might stay for an extra year in the States.

저 미국에 일 년 더 있을지도 몰라요.

extra는 '여분의'라는 뜻 외에 '추가의, 추가되는'이라는 형용사와 '추가되는 것'이라는 명사로도 쓰여요. 또 우리가 잘 아는 '엑스트라(단역 배우)'를 뜻하기도 합니다. 예문에 있는 an extra year는 '1년 추가로', '1년 더'라는 뜻이에요.

I'll pay the extra cost. 추가 비용은 제가 지불할게요.
Can we make space for an extra bed? 침대 하나 더 놓을 공간을 만들 수 있을까?
This sauce gives extra flavor to the pasta. 이 소스가 파스타에 풍미를 더해준다.

I would have to find a place to stay.

지낼 집을 구해야 할 거 같아요.

find a place to는 '~할 장소를[집을] 찾다'라는 뜻입니다. '잠잘 곳을 찾다'는 find a place to sleep, '공부할 곳을 찾다'는 find a place to study라고 하면 됩니다. 예문에 쓰인 would have to는 '~해야 할 것 같다'라는 뜻이에요.

I'll find a place to eat together. 함께 식사할 곳을 찾아볼게요.
Did you find a place to set up a camp? 캠프 차릴 곳 찾았어?
We have to find a place to rent. 우리는 임차할 집을 찾아야 합니다.

It depends on what kind of place you want.

원하는 집의 종류에 따라 달라.

상대방의 질문에 대답을 할 때 조건에 따라 답이 달라지기 때문에 확답하기 어려울 때가 있지요. 그럴 때 쓰는 말이 It depends on~(그건 ~에 달려있어)입니다. on 뒤에는 명사가 오기도 하지만 예문처럼 의문사절(의문사+주어+동사)이 오기도 합니다.

It depends on how much money you have.
그건 네가 가진 돈이 얼마냐에 달려있어.

It depends on how much she loves you.
그건 그녀가 널 얼마나 사랑하느냐에 달렸지.

It depends on how fast he can run.
그가 얼마나 빨리 달릴 수 있느냐에 달렸어.

In Korea, the way we find a house is a bit different. 한국에서 집을 구하는 방법은 조금 달라요.

〈the way + 주어 + 동사〉는 '~하는 방법'이라고 앞에서 설명했죠? the way we find a house는 '우리가 집을 구하는 방법'이라는 뜻이고, 이는 how we find a house로 바꿔 쓸 수 있어요.

I don't like the way he talks. 난 그가 말하는 방식이 마음에 안 들어.
He really loves the way she smiles. 그는 그녀가 미소 짓는 모습을 너무 좋아해.
The way you sing reminds me of your grandfather.
네가 노래 부르는 걸 보면 네 할아버지 생각이 나.

We rarely ask for square meters.
여기선 제곱미터는 거의 물어보지 않아.

스테이크를 구울때 well done이 가장 바싹 구운 거고 rare가 가장 덜 구운 것이죠. '드물게' 구워서 붉은 육즙이 남아있는 상태가 rare입니다. 즉, rare는 '드문'이고 rarely는 '거의 ~하지 않는'이라는 뜻입니다. rarely 자체에 부정의 의미가 있기 때문에 따로 not을 쓰지 않는다는 점 기억하세요.

I have rarely seen her these days. 요즘 그녀를 통 못 봤어.
He rarely watches television. 그는 TV를 거의 안 본다.
My parents rarely eat breakfast. 우리 부모님은 아침을 거의 안 드신다.

Drill 1

학습한 내용을 응용하여 영작해보세요.

1 ______________________________

아침 식사는 추가 비용 없이 제공된다. **보기** offered, is, extra, without, charge, breakfast

2 ______________________________

살기 좋은 곳을 어디서 찾을 수 있나요? **보기** good, where, I, a, find, to, place, live, can

3 ______________________________

네 아들이 얼마나 똑똑하냐에 달렸어. **보기** depends, it, on, your, smart, son, is, how

4 ______________________________

네가 이 문제를 푼 방식은 정말 창의적이다.

보기 problem, the, solved, way, this, is, creative, you, so

5 ______________________________

이 지역은 여름에 비가 거의 안 온다. **보기** in, rains, it, area, rarely, this, summer, during

Drill 2

영어를 가리고 한국어를 보면서 바로 말할 수 있는지 체크해보세요. 

☐	저 미국에 일 년 더 있을지도 몰라요.	I might stay for an extra year in the States.
☐	지낼 집을 구해야 할 거 같아요.	I would have to find a place to stay.
☐	거기는 집을 찾는 방법이 다를 거예요.	The way you look for houses would be different there.
☐	원하는 집의 종류에 따라 달라.	It depends on what kind of place you want.
☐	한국에서 집을 구하는 방법은 조금 달라요.	In Korea, the way we find a house is a bit different.
☐	여기선 제곱미터는 거의 물어보지 않아.	We rarely ask for square meters.
☐	함께 식사할 곳을 찾아볼게요.	I'll find a place to eat together.
☐	난 그가 말하는 방식이 마음에 안 들어.	I don't like the way he talks.
☐	요즘 그녀를 통 못 봤어.	I have rarely seen her these days.

정답 **1** Breakfast is offered without extra charge. **2** Where can I find a good place to live? **3** It depends on how smart your son is. **4** The way you solved this problem is so creative. **5** It rarely rains in this area during summer.

한국과 미국의 주거 문화 차이

나라마다 기후와 지형의 차이로 주거 문화가 천차만별이죠.
한국 집과 미국 집은 어떻게 다를까요?
애나와 리나의 대화를 통해 알아볼게요.

리나, 애나. 무슨 얘기 중이었어요?
모녀지간같이 다정해 보여요~

한국과 미국에서의 주거 생활에 대해
이야기 중이었어요.

오, 재미있겠는데요! 저도 궁금해요!

Live Talk

오늘의 대화문을 귀 기울여 들어보세요. 

Anna So how's life in South Korea? I've never been there. What are the differences to American culture?

Lina Well... In Korea, many people prefer and live in apartment buildings.

Anna I've heard that people don't wear shoes in their houses.

Lina Oh yeah, we never wear shoes indoors. Plus, it's difficult to find houses with carpets. I think people prefer wooden floors.

Anna What do you prefer?

Lina The houses that I like are in the States. I prefer unique houses to cookie-cutter apartments.

Anna Is there anything else that's different?

Lina Oh! The heating system comes from the floor. So, the houses in Korea have warm floors during the winter.

Anna Oh, that sounds like a great idea!

Caelyn Come visit Korea one day! You can stay at my place!

Anna Awesome!

difference 차이 **culture** 문화 **prefer** 선호하다 **indoors** 실내에서 **carpet** 카펫 **plus** 뿐만 아니라, 그리고 **wooden** 나무로 된, 목재의 **unique** 독특한, 특별한 **cookie-cutter** 찍어낸 듯이 똑같은 **heating system** 난방 시스템 **my place** 우리 집

애나	한국에서 사는 건 어때? 한 번도 안 가봤어. 미국 문화와 어떤 점이 다르니?
리나	음… 한국에서는 많은 사람이 아파트를 선호하고 또 거기 살아요.
애나	한국인들은 집에서 신발을 신지 않는다고 들었어.
리나	맞아요, 실내에선 신발을 안 신어요. 그리고, 카펫 깔린 집을 찾기 어려워요. 목재 바닥을 선호하는 거 같아요.
애나	너는 어떤 집이 더 좋니?
리나	전 미국에 있는 집이요. 똑같이 생긴 아파트보다는 독특한 집이 마음에 들어요.
애나	또 다른 점은 없어?
리나	아! 난방 시스템이 바닥에 있어요. 그래서 한국 집은 겨울에 바닥이 따뜻해요.
애나	와, 정말 좋은 아이디어구나!
케일린	언젠가 한번 한국에 오세요! 우리 집에서 머무셔도 돼요!
애나	좋아요!

Grammar Point

회화를 튼튼하게 해주는 문법 원 포인트 레슨을 확인해보세요.

사람&사물 등을 뒤에서 꾸미는 〈that+주어+동사〉

that은 사람, 사물, 시간, 장소 등을 꾸밀 때 모두 사용할 수 있는 만능 키 역할을 해요. 명사 뒤에 〈that+주어+동사〉를 붙이기만 하면 됩니다. '내가 좋아하는 집들'은 the houses that I like, '내가 운전하는 차'는 the car that I drive라고 하면 됩니다.

- **The houses that I like are in the States.**

I've never been there.

난 거기 한 번도 안 가봤어.

I've been to~는 현재완료형으로 '~에 간 적이 있다'는 뜻이에요. 여기에 never가 붙은 I've never been to~는 '~에 가본 적이 없다'라는 거 쉽게 생각할 수 있겠죠?

I've never been to Shanghai. 난 상하이에 가본 적 없어.
I've never been to Paris. 난 파리에 가본 적 없어.
I've never been to his house. 걔네 집에 한 번도 안 가봤어.

I've heard that people don't wear shoes in their houses.

집에서 신발을 신지 않는다고 들었어.

I've heard는 '들은 적이 있다', '들었다'라는 뜻이에요. 뭐라고 들었는지 내용을 자세히 덧붙일 때는 I've heard 뒤에 that절을 붙이면 됩니다. 누구에게 들었는지는 밝히지 않고 들은 내용만 말할 때 I've heard that~을 써보세요.

I've heard that people like apartments.
사람들이 아파트를 좋아한다고 들었어요.
I've heard that Jessica got a new job.
제시카가 새 일자리를 구했다고 들었어.
I've heard that you've never been to Korea.
네가 한국에 안 가봤다고 들었어.

It's difficult to find houses with carpets.

카펫 깔린 집을 찾기 어려워요.

It's difficult to~는 '~하기는 어렵다'라는 뜻입니다. It은 가짜 주어이고 to 이하가 진짜 주어인 구조예요. 반대로 It's easy to~라고 하면 '~하기는 쉽다'라는 뜻이 됩니다.

It's difficult to buy a house. 집을 사는 건 어려워요.
It's difficult to become a lawyer. 변호사가 되는 건 어려워요.
It's difficult to learn Spanish. 스페인어는 배우기 어려워요.

I prefer unique houses to cookie-cutter apartments.

똑같이 생긴 아파트보다는 독특한 집이 마음에 들어요.

prefer A to B는 'B보다 A를 좋아하다'라는 뜻입니다 '~보다'라고 해서 than을 쓰지는 않는다는 것에 주의하세요. cookie-cutter는 '찍어낸 듯 똑같은'이라는 뜻입니다.

I prefer jjajangmyeon to jjambbong. 난 짬뽕보다 짜장면이 좋아.
Jerry prefers Superman to Batman. 제리는 배트맨보다 슈퍼맨을 좋아해.
My wife prefers dogs to cats. 아내는 고양이보다 개를 좋아해.

Is there anything else that's different?

또 다른 점은 없어?

Is there anything else?는 '(앞에 이야기한 거 말고) 또 다른 거 있어?'라는 뜻입니다. 여기에 anything else를 꾸며주기 위해 뒤에 that~을 붙일 수 있어요. 그러면 '~한 게 또 있나요?'라는 뜻이 됩니다. 간단히 Anything else?라고만 물어도 '또[더] 있어요?'라는 뜻입니다.

Is there anything else that I have to know? 제가 알아야 할 게 또 있나요?
Is there anything else that is the same? 또 같은 게 있나요?
Is there anything else that I can do for you?
제가 당신을 위해 할 수 있는 게 또 있을까요?

Drill 1

학습한 내용을 응용하여 영작해보세요.

1 ______________________________

난 태국 음식점에 가본 적 없어. **보기** never, Thai, I've, to, restaurant, been, a

2 ______________________________

네가 축구 하는 거 무척 좋아한다고 들었어.

보기 playing, really, I've, you, that, enjoy, soccer, heard

3 ______________________________

이 질문은 답하기 어려워요. **보기** difficult, it's, answer, this, question, to

4 ______________________________

너 참치보다 연어를 좋아해? **보기** prefer, do, to, tuna, salmon, you

5 ______________________________

제가 사야 할 게 또 있을까요? **보기** anything, need, is, that, I, to, there, buy, else

Drill 2

영어를 가리고 한국어를 보면서 바로 말할 수 있는지 체크해보세요.

□ 난 거기 한 번도 안 가봤어.	I've never been there.
□ 많은 사람이 아파트를 선호해요.	Many people prefer apartment buildings.
□ 집에서 신발을 신지 않는다고 들었어.	I've heard that people don't wear shoes in their houses.
□ 카펫 깔린 집을 찾기 어려워요.	It's difficult to find houses with carpets.
□ 제가 좋아하는 집은 미국에 있는 집들이에요.	The houses that I like are in the States.
□ 똑같이 생긴 아파트보다는 독특한 집이 마음에 들어요.	I prefer unique houses to cookie-cutter apartments.
□ 또 다른 점은 없어?	Is there anything else that's different?
□ 제시카가 새 일자리를 구했다고 들었어.	I've heard that Jessica got a new job.
□ 제가 알아야 할 게 또 있나요?	Is there anything else that I have to know?

정답 **1** I've never been to a Thai restaurant. **2** I've heard that you really enjoy playing soccer. **3** It's difficult to answer this question. **4** Do you prefer salmon to tuna? **5** Is there anything else that I need to buy?

미국의 집값을 결정하는 요소

서울의 집값은 정말 어마어마하지요. 역세권이나 조망이 좋은 곳은 말할 것도 없고요.
마이클 말을 들어보니 미국도 집값의 기준이 우리와 크게 다르지는 않은 것 같군요.

미국에서 집 구하기가 쉽지 않겠죠?

그래도 잘 알아보면
괜찮은 집이 있을 거예요.

마이클에게 집값에 영향을 미치는 게
대체 뭔지 좀 물어봐야겠어요.

Live Talk

오늘의 대화문을 귀 기울여 들어보세요. 

Lina: You know, in Korea, house prices are extremely expensive in the Seoul area. How expensive are houses in the States?

Michael: Well… it depends on where your property is. But housing is expensive in the US, too.

Lina: So, what makes a house expensive here?

Michael: If the house is located in one of the big cities, it's likely to be pricier. It also depends on how big the property is. Also, if it has a swimming pool or other amenities, it would most likely be expensive.

Lina: I love how you can find such unique houses here.

Michael: Yeah. There are cookie-cutter houses too, though.

Lina: So, I guess it's similar everywhere else in the world.

Michael: I guess.

Caelyn: So, what are you two talking about?

Lina: We're talking about how houses are expensive everywhere.

Caelyn: Oh, tell me about it!

price 가격 **extremely** 굉장히, 극히 **expensive** 비싼 **property** 부동산, 재산 **be located in** ~에 위치하다 **likely** ~할 것 같은, 아마 **pricier** 더 비싼(pricy의 비교급) **amenity** 편의시설 **unique** 독특한, 특별한 **similar** 비슷한, 닮은 **everywhere** 모든 곳에, 어디나

리나	한국에서는 서울 지역 집값이 아주 비싸요. 미국 집값은 얼마나 비싼가요?
마이클	음… 어디에 있는지에 따라 달라. 그래도 미국에서도 집값이 비싸긴 하지.
리나	미국의 집값을 높이는 요소가 뭐예요?
마이클	대도시에 있는 집이면 더 비싼 경향이 있지. 면적이 얼마나 큰지에 따라 다르기도 하고. 또 수영장이나 다른 시설이 딸리면 비쌀 가능성이 높지.
리나	여기선 독특한 집을 찾을 수 있다는 점이 마음에 들어요.
마이클	맞아. 하지만 찍어낸 듯 비슷한 집들도 있긴 해.
리나	그건 세계 어디든 비슷한가 봐요.
마이클	그런 거 같구나.
케일린	두 분 무슨 얘기 중이에요?
리나	어딜 가나 집이 비싸다는 이야기를 하고 있어요.
케일린	그러게 말이에요!

Grammar Point

회화를 튼튼하게 해주는 문법 원 포인트 레슨을 확인해보세요.

what 의문문

영어의 의문문에는 크게 두 종류가 있어요. what(무엇), when(언제), where(어디), why(왜), who(누가), how(어떻게) 등 의문사로 시작하는 의문문이 있고, Are you~? / Is there~? / Can you~?처럼 의문사가 없는 의문문이 있어요. 후자는 '예/아니오'로 답할 수 있지만, 전자는 '예/아니오'가 아니라 구체적인 대답을 원하지요. what은 의문문에서 '무엇이'라는 주어로도 쓰이고 '무엇을'이라는 목적어로도 쓰입니다.

- What **makes a house expensive here?**
- What **are you two talking about?**

Expression Point

회화 실력을 업그레이드해주는 표현을 익혀보세요.

How expensive are houses in the States?

미국 집값은 얼마나 비싼가요?

의문사 how 뒤에 다양한 형용사를 넣어 '얼마나 ~한가요?'라는 질문을 만들 수 있어요. 〈How + 형용사 + 동사 + 주어?〉 순서로 온다는 점에 주의하세요.

How old is your great grandfather? 너희 증조할아버지는 연세가 어떻게 되시니?
How tall is the Empire State Building? 엠파이어 스테이트 빌딩은 얼마나 높은가요?
How angry is your mom? 너희 엄마 화 많이 났니?

What makes a house expensive here?

여기는 집값을 높이는 요소가 뭐예요?

〈make + A + 형용사〉는 'A를 ~하게 만들다'라는 뜻이에요. make me happy(나를 행복하게 하다), make it special(그것을 특별하게 하다)과 같이 쓰이지요. 위 예문을 직역하면 '무엇이 집을 비싸게 만드나요?'라는 뜻이에요. 이는 곧 '무엇 때문에 집이 비싼가요?', '집을 비싸게 하는 요소가 뭐죠?'라는 뜻이지요. 이렇게 어떤 현상의 이유를 물을 때 What makes~? 표현을 사용할 수 있어요.

What makes the film so popular?
그 영화는 무엇 때문에 그렇게 인기인가요?
What makes him so rich? 그는 어떻게 그렇게 부유한가요?
What makes the country so attractive? 그 나라는 뭐가 그렇게 매력적이에요?

If the house is located in one of the big cities, it's likely to be pricier.

대도시에 있는 집이면 더 비싼 경향이 있지.

likely는 '~일 것 같은'이라는 뜻이에요. 그래서 It's likely to be~는 '~일 가능성이 높다', '~인 경향이 있다'라는 뜻으로 쓰입니다. likely는 또한 '그럴듯한'이라는 뜻도 있고, a likely candidate(유력한 후보)처럼 '유력한'이라는 뜻도 있어요.

It's likely to be **a long day.**	긴 하루가 될 것 같아.
It's likely to be **a warm weekend.**	따뜻한 주말이 될 것 같아.
It's likely to be **a hit.**	(영화나 음악 등이) 히트 칠 것 같아요.

I love how **you can find such unique houses here.**

여기선 독특한 집을 찾을 수 있다는 점이 마음에 들어요.

I love how~는 '~라는 점이 너무 좋아요'라는 뜻입니다. 남녀간의 사랑뿐만이 아니라 음식, 스포츠, 취미 등 아주 많이 좋아하는 것에는 모두 love를 쓸 수 있습니다. 여기서 how는 '~하는 방식', '~한다는 점' 정도로 해석하면 됩니다.

I love how **houses are unique.**	집들이 독특한 게 마음에 들어요.
I love how **he looks when he smiles.**	미소 지을 때 그의 모습이 참 좋아요.

Oh, tell me about it!

오, 그러게 말이에요!

여기서 Tell me about it.은 '내게 그걸 알려줘.'라는 뜻이 아니에요. '(나도 경험해봐서) 무슨 말인지 알아.' 또는 '내 말이 그 말이야.'처럼 공감하고 동의하는 의미로 쓰였어요. 비슷한 뜻의 표현으로 You can say that again.도 있어요. 같은 이야기를 한 번 더 들어도 될 만큼 공감이 간다는 뜻이라고 이해하면 됩니다.

A: He is unbelievably boring. B: Yeah, tell me about it.
A: 걔 믿을 수 없을 만큼 따분해. B: 응, 동감이야.

A: It's so hot today. B: I know. Tell me about it.
A: 오늘 엄청나게 덥다. B: 알아. 정말 그래.

Drill 1

학습한 내용을 응용하여 영작해보세요.

1 ______________________________

이 일이 당신에게 얼마나 중요한가요? **보기** important, this, is, job, how, you, to

2 ______________________________

이 집이 당신에게 특별한 이유가 뭔가요? **보기** you, what, makes, special, house, this, for

3 ______________________________

대단한 한 해가 될 것 같아. **보기** a, to, great, be, year, likely, it's

4 ______________________________

그들이 언제나 다른 이들을 먼저 생각하는 게 참 좋아요.

보기 put, they, always, love, how, first, others, I

5 A: Isn't Heidi lovely? B: ______________________________

A: 하이디 사랑스럽지 않아? B: 맞아, 나도 그렇게 생각해.

보기 about, me, it, right, tell

Drill 2

영어를 가리고 한국어를 보면서 바로 말할 수 있는지 체크해보세요.

☐ 미국 집값은 얼마나 비싼가요?	How expensive are houses in the States?
☐ 여기는 집값을 높이는 요소가 뭐예요?	What makes a house expensive here?
☐ 대도시에 있는 집이면 더 비싼 경향이 있지.	If the house is located in one of the big cities, it's likely to be pricier.
☐ 여기선 독특한 집을 찾을 수 있다는 점이 마음에 들어요.	I love how you can find such unique houses here.
☐ 두 분 무슨 얘기 중이에요?	What are you two talking about?
☐ 오, 그러게 말이에요!	Oh, tell me about it!
☐ 그는 어떻게 그렇게 부유한가요?	What makes him so rich?
☐ 긴 하루가 될 것 같아.	It's likely to be a long day.

1 How important is this job to you? **2** What makes this house special for you? **3** It's likely to be a great year. **4** I love how they always put others first. **5** Right, tell me about it.

존슨 가족의 고정 생활비

독립해서 혼자 살면 신경 쓸 게 참 많죠.
월세를 비롯해 각종 공과금 등 챙겨야 할 게 한두 가지가 아니니까요.
미국 생활에서 필요한 공과금은 뭔지 리나와 애나의 대화를 함께 볼까요?

전기세나 수도세 같은
한 달 생활비가 얼마나 나올까요?

글쎄요. 애나에게 한번 물어봐요.

Live Talk

오늘의 대화문을 귀 기울여 들어보세요. 

Lina	Anna, can I ask you how much your electricity bills are every month?
Anna	Sure. On average, we pay around 200 dollars.
Lina	200 dollars. What about for water?
Anna	Our water bill is around 50 dollars? Less than 50 dollars.
Lina	Then, how much does your internet cost?
Anna	Um, we pay around 70 dollars per month.
Caelyn	Really? It's more expensive than I thought!
Anna	Yes. But I think on average the starting price is around 35 dollars. You can choose.
Lina	Wow, I see. Living alone can be expensive.

electricity 전기, 전력 **bill** 고지서, 청구서, 지폐 **electricity bill** 전기 요금 **on average** 평균적으로 **pay around** ~ 정도 내다 **less than** ~보다 적은[적게] **cost** 비용; (비용이) ~들다 **per** ~당, 마다 **starting price** 시작 가격 **living alone** 혼자 사는 것

리나 애나, 월 전기 요금이 얼마인지 여쭤봐도 될까요?
애나 그럼. 우리 집은 보통 200달러 정도 내.
리나 200달러. 수도는요?
애나 수도는 50달러쯤? 50달러 안 되게 나와.
리나 그럼, 인터넷 요금은 얼마나 들어요?
애나 음, 우리 집은 월 70달러 정도야.
케일린 정말요? 생각보다 비싸네요!
애나 그렇죠. 근데 평균적으로 시작 가격은 35달러 정도야. 고를 수 있어.
리나 와, 그렇군요. 혼자 살면 돈이 많이 들 수도 있겠어요.

Grammar Point

회화를 튼튼하게 해주는 문법 원 포인트 레슨을 확인해보세요.

how 의문문

의문사 how의 경우 〈How+부사/형용사〉 패턴을 기억해두세요. how much(얼마나 많이), how fast(얼마나 빨리), how often(얼마나 자주) 등과 같이 how 뒤에 부사나 형용사를 붙여서 다양한 의문문을 만들 수 있어요. 특히 how much는 양이나 가격을 물을 때 자주 사용돼요. How much is it? 또는 How much does it cost? 하면 '그거 얼마예요?'라는 뜻이에요.

- **Can I ask you how much your electricity bills are every month?**
- **How much does your internet cost?**

On average, we pay around 200 dollars.

우리 집은 보통 200달러 정도 내.

average는 '평균'을 의미해요. 따라서 on average는 '평균적으로, 대체로, 보통'이라는 뜻이 됩니다. around는 '대략', '~정도'를 의미하므로 about으로 바꿔 써도 됩니다.

I earn about 5,000 dollars per month on average.
난 평균 한 달에 5,000달러 정도 번다.

On average, we read about three books a month.
우린 한 달에 평균 약 세 권의 책을 읽는다.

We work 57 hours per week on average.
우리는 일주일에 평균 57시간 근무한다.

What about for water?

수도는요?

전기 요금에 대한 대화 이후 '수도 요금은요?'라는 의미로 위와 같이 물었어요. 이렇게 What about~?은 '~은 어때요?'라는 뜻이에요. '수도요금으로는' 얼마를 내는지 묻기 위해 for를 넣었는데 for 없이 What about water?라고 해도 됩니다.

What about maintenance? 관리비는 어때요?
What about income tax? 소득세는 어때요(얼마나 나가요)?
What about other expenditures? 다른 지출은요?

Less than 50 dollars.

50달러 안 되게 나와.

less than은 '~보다 적은'이라는 뜻입니다. 반대로 '~보다 많은'은 more than을 사용합니다. This car cost me more than $30,000. 하면 '이 차 사는 데 3만 달러 넘게 들었어.'라는 뜻이에요.

This wine cost less than I expected. 이 와인은 내 예상보다 싸게 줬어.
The festival is less than 10 days away. 축제가 열흘도 안 남았네.
We are not going to sell the house for less than $100,000.
우리는 그 집을 10만 달러 밑으로는 안 팔 거야.

How much does your internet cost?

인터넷 요금은 얼마나 들어요?

how much는 '얼마나 많은'이라는 뜻으로 가격을 물을 때 자주 사용됩니다. 〈How much is/are + 주어?〉 또는 〈How much do/does 주어 cost?〉 형태로 가격을 물어보는 연습을 해봐요.

How much is this bluetooth speaker? 이 블루투스 스피커 얼마예요?
How much does parking cost? 주차비는 얼마인가요?
How much does your insurance cost? 보험료는 얼마나 내세요?

It's more expensive than I thought!

생각보다 비싸네요!

more expensive than은 '~보다 비싼'이라는 뜻입니다. 반대로 '~보다 덜 비싼'은 less expensive than 또는 cheaper than이라고 하면 됩니다.

Diamonds are more expensive than gold. 다이아몬드가 금보다 비싸다.
Your shoes are more beautiful than mine. 네 신발이 내 것보다 아름답네.
I feel more comfortable eating at home than eating out.
나는 집에서 먹는 게 외식보다 편해.

Drill 1

학습한 내용을 응용하여 영작해보세요.

1 ______

난 매일 밤 평균 8시간 잔다. **보기** average, I, sleep, on, hours, night, eight, every

2 ______

초고속 인터넷과 TV 요금은 어때요? **보기** broadband, what, and, TV, about

3 ______

난 예전보다 고기를 덜 먹는다. **보기** eat, I, less, meat, before, than

4 ______

이 과일들은 얼마예요? **보기** are, much, these, fruits, how

5 ______

고양이를 키우는 것이 개를 키우는 것보다 돈이 더 많이 든다.

보기 is, a, more, cat, than, raising, a, expensive, dog, raising

Drill 2

영어를 가리고 한국어를 보면서 바로 말할 수 있는지 체크해보세요. 

☐ 매달 전기 요금이 얼마인지 여쭤봐도 될까요?	Can I ask you how much your electricity bills are every month?
☐ 우리 집은 보통 200달러 정도 내.	On average, we pay around 200 dollars.
☐ 수도는요?	What about for water?
☐ 50달러 안 되게 나와.	Less than 50 dollars.
☐ 인터넷 요금은 얼마나 들어요?	How much does your internet cost?
☐ 우리 집은 월 70달러 정도 내.	We pay around 70 dollars per month.
☐ 생각보다 비싸네요!	It's more expensive than I thought!
☐ 평균적으로 시작 가격은 35달러 정도야.	On average the starting price is around 35 dollars.
☐ 축제가 열흘도 안 남았네.	The festival is less than 10 days away.

정답 **1** On average, I sleep eight hours every night. **2** What about broadband and TV? **3** I eat meat less than before. **4** How much are these fruits? **5** Raising a cat is more expensive than raising a dog.

미국에서 집을 구하는 방법

미국에서 독립할 집을 구하러 다닐 생각에 리나는 어떻게 알아봐야 할지 막막해합니다.
다행히 리나는 마이클의 도움을 받을 수 있을 것 같아요.

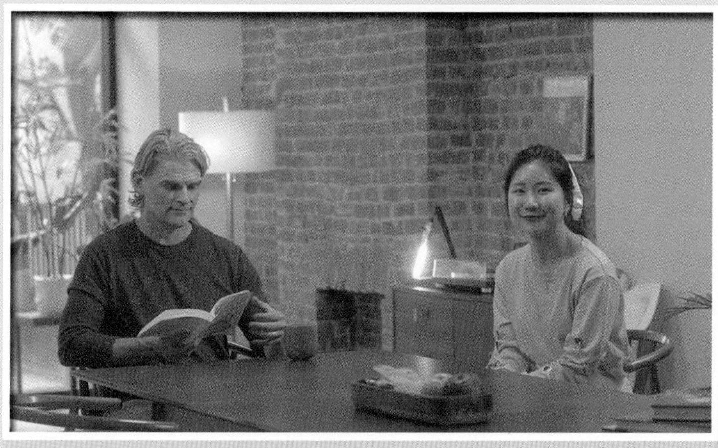

집을 어떤 방법으로
알아봐야 할지 잘 모르겠어요.

마이클이 알지 않을까요?
댁에 계시면 한번 여쭤봐요.

Live Talk

오늘의 대화문을 귀 기울여 들어보세요. 

Lina	Hey, Michael. I have a quick question for you. Do you know how I'd be able to find a place to rent?
Michael	How long are you going to stay?
Lina	Um… for at least 6 months.
Michael	Well, you could go through a realtor or look at online websites.
Lina	Do you know anybody who's trustworthy?
Michael	Sure. I have a friend who's in real estate. I'll make a few phone calls.
Lina	Actually I'm not looking for places at this moment, but could you please ask for a reasonable price for a studio apartment? I just wanna know how much it would cost.
Michael	Sure. I'll do that!
Lina	Thank you.

quick question 간단한 질문 **be able to** ~할 수 있다 **rent** 세내다, 임차하다 **realtor** 부동산 중개인 **trustworthy** 신뢰할 수 있는, 믿을 만한 **real estate** 부동산 중개업, 부동산 **make a phone call** 전화를 걸다 **place** 집, 장소 **at this moment** 지금은 **reasonable price** 적정한 가격 **studio apartment** 원룸

리나 마이클. 궁금한 게 있어요.
임차할 집을 어떻게 구할 수 있는지 아시나요?

마이클 얼마나 머물 거야?

리나 음… 최소 6개월이요.

마이클 음, 중개업자나 온라인을 통해서 구할 수 있어.

리나 혹시 아는 분 중에 믿을 만한 사람이 있나요?

마이클 있지. 부동산 중개업을 하는 친구가 있어. 전화해볼게.

리나 당장 찾는 건 아니지만, 원룸의 적당한 가격을 물어봐주실 수 있나요?
어느 정도일지 알고 싶어서요.

마이클 물론이지. 물어볼게!

리나 감사합니다.

Grammar Point

회화를 튼튼하게 해주는 문법 원 포인트 레슨을 확인해보세요.

간접 의문문

Who is he?(그는 누구야?)처럼 의문사가 문장의 맨 앞에 오는 형태를 '직접의문문'이라고 하고, Do you know who he is?(그가 누구인지 알아?)에서 who he is처럼 의문사절이 긴 문장의 일부로 쓰인 형태를 '간접의문문'이라고 합니다. 여기서는 who he is가 동사 know의 목적어로 쓰이고 있어요. 이렇게 간접의문문으로 쓰일 때는 〈의문사+동사+주어〉가 아니라 〈의문사+주어+동사〉 어순이라는 점을 주의하세요.

- **Do you know how I'd be able to find a place to rent?**
- **I just wanna know how much it would cost.**

Expression Point

회화 실력을 업그레이드해주는 표현을 익혀보세요.

How long are you going to **stay?**

얼마나 머물 거야?

Are you going to~?는 '너 ~할 거야?'라는 뜻으로 상대방이 미래에 어떤 일을 할지 묻는 표현이에요. 여기에 how long(얼마나 오래)을 붙인 How long are you going to~?는 '너 얼마나 오래 ~할 거야?'라는 뜻이 됩니다.

How long are you going to wait? 얼마나 기다릴 거야?
How long are you going to take? 얼마나 걸리나요?
How long are you going to be there? 거기 얼마나 오래 있을 거야?

Do you know anybody who**'s trustworthy?**

아는 분 중에 믿을 만한 사람이 있나요?

Do you know~?는 '너 ~알아?'라고 묻는 말이에요. anybody who~는 '~인 사람 누구든'이라는 뜻이고요. 따라서 Do you know anybody who~?는 '누구든 ~인 사람 알아?' 또는 '아는 사람 중에 ~하는 사람 있어?'라는 뜻이 됩니다. 여기서 who는 anybody에 대한 설명을 추가하기 위해 쓰인 관계대명사예요.

Do you know anybody who lives in Thailand?
아는 사람 중에 태국에 사는 사람 있어?

Do you know anybody who wants to buy a car?
주변에 차 구입하려는 사람 있어?

Do you know anybody who speaks French?
프랑스어 하는 사람 누구 알아?

I have a friend who's in **real estate.**

부동산 중개업을 하는 친구가 있어.

'어떤 분야에 몸담고 있다'는 말은 간단히 in을 써서 표현합니다. '저는 유통업에 종사합니다.'는 I'm in retail.이라고 합니다. 부동산업에 종사한다면 I'm in real estate.라고 하면 되고요. 예문에서 who는 a friend에 대한 설명을 추가하기 위해 쓰인 관계대명사예요.

I have a friend who's in **agriculture.** 농업에 종사하는 친구가 있어.
I have a friend who's in **finance.** 금융 분야에 종사하는 친구가 있어.
I have a friend who's in **IT.** IT 분야에 종사하는 친구가 있어.

I'm not looking for places at this moment.

집을 당장 찾는 건 아니에요.

at this moment은 '지금, 현재'라는 뜻인데 '지금으로서는, 현재로서는'이라는 뜻으로 쓰이는 경우가 많습니다.

She is not here at this moment. 그녀는 지금 여기 없어.
I can't give you more information at this moment.
현재로서는 정보를 더 줄 수 없어.
At this moment**, we are not considering it.**
당장은 그건 고려 안 하고 있습니다.

I just wanna know how much it would cost.

가격이 어느 정도일지 알고 싶어서요.

I wanna know는 I want to know의 줄임말로 '알고 싶어'라는 뜻이죠. 여기에 just가 들어가면 '단지 알고 싶을 뿐이야'가 됩니다. I (just) wanna know 뒤에는 위 예문처럼 의문사절이 이어지는 경우가 많습니다. 당신이 왜(why) 떠났는지, 뭘(what) 좋아하는지, 어떻게(how) 그럴 수 있는지 등 알고 싶은 게 있을 때 사용하기 유용한 표현입니다.

I just wanna know **how you feel.**
네가 어떤 기분인지 알고 싶을 뿐이야.
I just wanna know **what he said to you.**
그가 네게 무슨 말을 했는지 알고 싶을 뿐이야.
I just wanna know **why you left me then.**
네가 그때 왜 날 떠났는지 알고 싶을 뿐이야.

Drill 1

학습한 내용을 응용하여 영작해보세요.

1 ____

얼마나 오랫동안 차 없이 살 거야? **보기** without, to, live, a, long, car, going, how, you, are

2 ____

아는 사람 중에 홍콩 다녀온 사람 있어?

보기 Hong Kong, do, anybody, you, been, to, know, has, who

3 ____

접객업에 종사하는 친구가 있어. **보기** I, in, have, hospitality, who's, a, friend

4 ____

김 박사님은 지금 시간이 안 됩니다. **보기** moment, this, Dr. Kim, is, at, available, not

5 ____

네가 이 TV를 얼마 줬는지 알고 싶을 뿐이야.

보기 paid, television, I, for, just, wanna, this, know, how, you, much

Drill 2

영어를 가리고 한국어를 보면서 바로 말할 수 있는지 체크해보세요.

□ 임차할 집을 어떻게 구할 수 있는지 아시나요?	Do you know how I'd be able to find a place to rent?
□ 얼마나 머물 거야?	How long are you going to stay?
□ 아는 분 중에 믿을 만한 사람이 있나요?	Do you know anybody who's trustworthy?
□ 부동산 중개업을 하는 친구가 있어.	I have a friend who's in real estate.
□ 집을 당장 찾는 건 아니에요.	I'm not looking for places at this moment.
□ 가격이 어느 정도일지 알고 싶어서요.	I just wanna know how much it would cost.
□ 얼마나 기다릴 거야?	How long are you going to wait?
□ 그녀는 지금 여기 없어.	She is not here at this moment.
□ 네가 어떤 기분인지 알고 싶을 뿐이야.	I just wanna know how you feel.

정답 **1** How long are you going to live without a car? **2** Do you know anybody who has been to Hong Kong? **3** I have a friend who's in hospitality. **4** Dr. Kim is not available at this moment. **5** I just wanna know how much you paid for this television.

제시카와 통화 후 마중 나가기

모처럼 외식할 기회가 생겼군요?
리나가 나가서 맛있는 거 먹을 생각에 아주 신이 난 것 같아요!
애나가 제시카를 데리러 가려고 통화 중인데 함께 들어보시죠.

두 분 뭐 하고 계셨어요?

제시카한테서 전화가 오면
데리러 가려고 기다리는 중이었어요.

오, 마침 전화가 오네요.

Live Talk

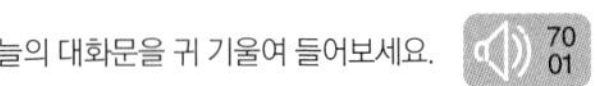

Anna	Speak of the devil! It's Jessica. Hello?
Jessica	Hey, Mom!
Anna	I'm guessing you're done? Would you like me to come pick you up?
Jessica	Do you know where a new mall opened up? I'm there right now.
Anna	I know where it is. Did you eat dinner?
Jessica	No, I just had coffee with a friend.
Anna	How about I take Lina and Sam with me and meet you for dinner there?
Jessica	Sweet! There's a Thai restaurant I've been wanting to go to.
Anna	Alrighty then!
Jessica	When do you think you will get here?
Anna	About 30 minutes?
Jessica	Alright, see you soon!
Caelyn	Are you going out for dinner tonight?
Anna	Yup! I gotta get Sam now!
Caelyn	Enjoy your dinner!
Lina	Let's go!

Speak of the devil 호랑이도 제 말 하면 온다 **pick ~ up** ~를 (차로) 데리러 가다 **open up** 개업하다, 문을 열다 **Thai** 타이의, 태국의 **alrighty**(=**alright**) 좋아, 괜찮아 **go out for dinner** 저녁 외식하다

애나	호랑이도 제 말 하면 온다더니! 제시카네. 여보세요?
제시카	엄마!
애나	다 끝난 모양이구나? 데리러 갈까?
제시카	쇼핑몰 새로 생긴 데 아세요? 저 지금 거기 있어요.
애나	어딘지 알지. 저녁은 먹었고?
제시카	아니요, 친구랑 커피만 마셨어요.
애나	그럼 내가 리나랑 샘 데리고 가서 너를 만나 거기서 저녁 먹는 건 어떻니?
제시카	좋아요! 제가 가고 싶었던 태국 음식점이 있어요.
애나	잘됐네!
제시카	언제쯤 도착하실 것 같아요?
애나	한 30분 후에?
제시카	네, 이따 봐요!
케일린	오늘 저녁은 나가서 먹나 봐요?
애나	맞아요! 샘을 불러와야겠어요!
케일린	저녁 맛있게 드세요!
리나	가요!

Grammar Point

회화를 튼튼하게 해주는 문법 원 포인트 레슨을 확인해보세요.

간접의문문 〈Do you know+의문사+주어+동사?〉

간접의문문은 문장 속에서 동사의 목적어로 쓰일 때가 많아요. 특히 know의 목적어로 자주 쓰이지요. 〈Do you know where+주어+동사?〉(어디에서 ~하는지 알아?), 〈Do you know when+주어+동사?〉(언제 ~하는지 알아?)와 같이 know 뒤에 다양한 의문사를 붙일 수 있어요.

- **Do you know where a new mall opened up?**

간접의문문 〈의문사+do you think+주어+동사?〉

간접의문문이 think의 목적어로 쓰일 때는 특이하게도 의문사가 문장 맨 앞에 옵니다.

- **When do you think you will get here?**

Expression Point

회화 실력을 업그레이드해주는 표현을 익혀보세요.

Speak of the devil! It's Jessica.

호랑이도 제 말 하면 온다더니! 제시카네.

'호랑이도 제 말 하면 온다더니!'라는 우리말 속담에 해당하는 영어 표현이 Speak of the devil! 입니다. 호랑이와 악마의 차이만 있을 뿐 의미는 같습니다. 어떤 사람에 대해 이야기하고 있는데 마침 그 사람이 나타났을 때 씁니다.

Speak of the devil, here comes John.
호랑이도 제 말 하면 온다더니 존 저기 온다.

Speak of the devil, your brother is coming.
호랑이도 제 말 하면 온다더니 너희 형 온다.

Speak of the devil, look who's here.
호랑이도 제 말 하면 온다더니 누가 왔나 봐라.

Would you like me to come pick you up?

내가 데리러 갈까?

Would you like me to~?는 '내가 ~하기를 원해요?', 즉 '내가 ~할까요?'라고 상대방의 의사를 정중하게 묻는 표현입니다. 좀더 가볍게 말하려면 Do you want me to~?(내가 ~할까?)로 물으면 됩니다.

Would you like me to go? 제가 갈까요?
Would you like me to help you? 제가 도와드릴까요?
Would you like me to take your picture? 제가 사진 찍어드릴까요?

I know where it is.

어딘지 알지.

위 문장에서 where it is는 동사 know의 목적어로 쓰였어요. I know where~(어디에 ~인지 알아), I know what~(무엇이 ~인지 알아), I know how~(어떻게 ~인지 알아)처럼 I know 뒤에 다양한 의문사를 붙일 수 있어요. 이럴 경우 의문사 뒤에는 '주어+동사' 어순으로 써야 합니다.

I know where your girlfriend is.	난 네 여자친구가 어디 있는지 알아.
I know what Joe is doing.	난 조가 뭐 하고 있는지 알아요.
I know why you are busy.	나는 네가 왜 바쁜지 알아.

How about I meet you for dinner there?

거기서 만나 저녁 먹는 건 어떻니?

How about~?은 '~하는 건 어때?'라고 물을 때 쓰는 표현입니다. How about 뒤에는 How about wine?(와인 어때?)처럼 명사나 대명사가 올 수도 있지만, 위 문장에서처럼 절(주어+동사)이 올 수도 있습니다.

How about we go outside?	우리 밖에 나가는 게 어때?
How about I drive you home?	내가 너 집까지 태워주면 어떨까?
How about we get some ice cream?	우리 아이스크림 먹는 거 어때?

When do you think you will get here?

언제쯤 도착하실 것 같아요?

간접의문문이 think의 목적어로 쓰일 경우에는 의문사가 문장 맨 앞으로 나온다고 했지요. 〈When do you think+주어+동사?〉(언제 ~하는 것 같아?), 〈Where do you think+주어+동사?〉(어디에서 ~하는 것 같아?), 〈Why do you think+주어+동사?〉(왜 ~하는 것 같아?)와 같이 다른 의문사도 같은 방식으로 사용하면 됩니다.

When do you think the war will end?	전쟁이 언제 끝날 것 같아요?
Why do you think she hates me?	그녀가 왜 날 싫어하는 것 같아?
Where do you think it is?	그게 어디에 있는 것 같아?

Drill 1

학습한 내용을 응용하여 영작해보세요.

1 ______________________________

호랑이도 제 말하면 온다더니, 우리 네 얘기 하고 있었어.

보기 of, we, speak, were, the, talking, devil, you, about

2 ______________________________

제가 그분들하고 미팅을 잡을까요?

보기 you, meeting, like, me, a, with, to, them, arrange, would

3 ______________________________

네 차 어디 있는지 알아.

보기 where, I, your, know, is, car

4 ______________________________

내가 널 위해 요리하면 어떨까?

보기 cook, about, I, you, how, for

5 ______________________________

우리가 언제 다시 해외여행을 할 수 있을 것 같아요?

보기 do, we, you, travel, think, abroad, can, again, when

Drill 2

영어를 가리고 한국어를 보면서 바로 말할 수 있는지 체크해보세요.

☐ 호랑이도 제 말 하면 온다더니! 제시카네.	Speak of the devil! It's Jessica.
☐ 내가 데리러 갈까?	Would you like me to come pick you up?
☐ 쇼핑몰 새로 생긴 데 아세요?	Do you know where a new mall opened up?
☐ 어딘지 알지.	I know where it is.
☐ 거기서 만나 저녁 먹는 건 어떻니?	How about I meet you for dinner there?
☐ 언제쯤 여기에 도착하실 것 같아요?	When do you think you will get here?
☐ 난 네 여자친구가 어디 있는지 알아.	I know where your girlfriend is.
☐ 우리 아이스크림 먹는 거 어때?	How about we get some ice cream?
☐ 전쟁이 언제 끝날 것 같아요?	When do you think the war will end?

정답 **1** Speak of the devil, we were talking about you. **2** Would you like me to arrange a meeting with them? **3** I know where your car is. **4** How about I cook for you? **5** When do you think we can travel abroad again?

차 얻어 타고 도서관 가기

리나가 마음의 여유가 좀 생겼는지 오늘은 동네 도서관에 가본다고 해요.
제시카가 외출하는 길에 태워준다고 하네요.

오늘 도서관에 가보려고요.

오, 책도 읽고 알차게 지내는 모습 보기 좋아요.

어, 제시카도 외출하나 봐요.

Live Talk

오늘의 대화문을 귀 기울여 들어보세요.

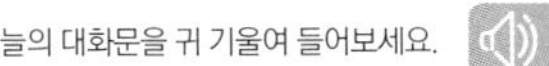

Jessica: Where are you going?

Lina: Oh, I was thinking about going to the town library. I wanna find some books to read.

Jessica: Hey, I'm going in that direction. Should I give you a lift?

Lina: Oh, that would be awesome!

Jessica: Is that your bag? Are you going to carry that by yourself?

Lina: Yeah, I have my laptop and notebooks. Why?

Jessica: It looks heavy.

Lina: Jess. I think your bag is heavier than mine.

Jessica: No, it's not.

Lina: What?

Jessica & Lina: Oh!

Jessica: It's not as heavy as it looks.

Lina: You're so nice, thinking of me like that.

Jessica: You are so much nicer than me.

Lina: Stop it. Well, what time are you planning to leave?

Jessica: I was just about to leave.

Lina: Oh, okay. Let's go!

be thinking about -ing ~할까 생각 중이다 **in that direction** 그 방향으로 **give ~ a lift** ~를 태워주다 **awesome** 기막히게 좋은, 굉장한 **carry** 가지고 다니다, 들고 있다 **by oneself** 혼자서 **laptop** 노트북 **notebook** 공책 **plan to** ~할 계획이다 **be about to** 막 ~하려고 하다

제시카	어디 가?
리나	동네 도서관에 가보려던 참이야. 읽을 책 좀 찾아보려고.
제시카	나도 그쪽으로 가는데. 데려다줄까?
리나	그럼 너무 좋지!
제시카	그거 네 가방이야? 혼자 들고 가려고?
리나	응, 노트북이랑 공책들이 들어 있어. 왜?
제시카	무거워 보여서.
리나	제시카. 네 가방이 내 것보다 무거울 것 같은데.
제시카	아니거든.
리나	그래?
제시카&리나	어머!
제시카	보기보다 안 무겁구나.
리나	나를 그렇게 생각해주다니 너 정말 착하다.
제시카	네가 나보다 훨씬 착한걸.
리나	아이 참. 언제 출발할 거야?
제시카	출발하려던 참이었어.
리나	그랬구나. 가자!

Grammar Point

회화를 튼튼하게 해주는 문법 원 포인트 레슨을 확인해보세요.

비교급 〈형용사 -er〉, 〈more+형용사〉: 더 ~한

형용사의 비교급을 만들 때는 fast(빠른)-faster(더 빠른)처럼 단어 끝에 -er을 붙입니다. nice(좋은)처럼 e로 끝나면 -r만 붙여서 nicer(더 좋은)라고 합니다. heavy(무거운)처럼 y로 끝나면 y를 i로 바꾸고 -er을 붙여 heavier(더 무거운)라고 합니다. interesting(흥미로운)처럼 2음절 이상의 형용사 대부분은 앞에 more를 붙여 more interesting(더 흥미로운)이라고 합니다. 비교 대상은 than(~보다) 다음에 나옵니다. '훨씬 더 ~'라고 강조하고 싶을 때는 비교급 앞에 (so) much, far, even, a lot 등을 사용합니다.

- **I think your bag is heavier than mine.**
- **You are so much nicer than me.**

〈as+형용사/부사+as〉: ~만큼 ~한/하게

as tall as you(너만큼 큰), as hard as I thought(생각했던 만큼 어려운)과 같이 '~만큼 ~한/하게'라고 말할 때 〈as+형용사/부사+as〉를 사용하면 됩니다.

- **It's not as heavy as it looks.**

Should I give you a lift?

차로 데려다줄까?

I should~는 '난 ~해야 해'라고 의무를 나타내는 표현이죠. I should~를 의문문으로 만들어 Should I~?라고 하면 '내가 ~해야 할까?' 또는 '내가 ~할까?' 하고 의견을 묻는 표현이 됩니다. give ~ a lift는 '~에게 차를 태워주다'라는 뜻으로 give ~ a ride와 같은 뜻이에요.

Should I give you a ride? 내가 차 태워줄까?
Should I call the police? 경찰을 불러야 할까?
Should I be with him? 내가 그와 함께 있어야 할까?

I think your bag is heavier than mine.

네 가방이 내 것보다 무거울 것 같은데.

형용사의 비교급을 만들 때 heavy(무거운)처럼 y로 끝나는 단어는 y를 i로 바꾸고 -er을 붙이는 경우가 많습니다. easy(쉬운)-easier(더 쉬운), early(일찍)-earlier(더 일찍)처럼요.

Chris is faster than Michael. 크리스가 마이클보다 빠르다.
It's easier said than done. 행동보다 말이 쉽다.
➕ 2음절 이상의 대부분의 형용사는 비교급을 만들 때 단어 앞에 more를 붙여요.
Your house is more expensive than mine. 너희 집이 우리 집보다 비싸.
You should be much more careful when you're driving.
너 운전할 때 훨씬 더 조심해야 해.

It's not as heavy as it looks.

보기보다 안 무겁구나.

비슷한 두 대상을 비교할 때 쓰는 〈as+형용사+as〉는 '~만큼 ~한'이라는 뜻입니다. 이때는 형용사를 원형 그대로 사용합니다. 따라서 as heavy as it looks는 '보기 만큼 무거운'이라는 뜻이에요.

It's as light as mine. 이건 내 것만큼 가벼워.
This building is as high as that one. 이 건물은 저 건물만큼 높아.
Seoul is as beautiful as London. 서울은 런던만큼 아름답구나.

What time are you planning to leave?

언제 출발할 거야?

plan은 '계획'이라는 명사로도 쓰이고 '계획하다'라는 동사로도 쓰입니다. plan to는 '~할 계획이다', '~할 예정이다'라는 뜻이에요. 예문처럼 be planning to라는 현재진행형으로 자주 쓰여요.

What time are you planning to come home? 몇 시에 집에 올 예정이야?
Where are you planning to go? 어디로 갈 계획이야?
When is he planning to move to Paris?
그는 언제 파리로 이사할 계획이야?

+ '난 ~할 계획이야'라고 할 때 I plan to~와 I'm planning to~ 어느 쪽을 써도 관계없지만, 후자가 전자에 비해 계획의 실현이 얼마 남지 않았다는 느낌을 줍니다.

I plan to study economics someday. 난 언젠가 경제학을 공부할 생각이야.

I was just about to leave.

출발하려던 참이었어.

〈be about to+동사원형〉은 '~할 참이다', '막 ~하려 하다'라는 뜻이에요. about 앞에 just를 붙이면 '막'이라는 촉박함이 좀더 강조됩니다.

I was just about to call you. 막 네게 전화하려던 참이었어.
These eggs are about to hatch. 이 알들이 부화하려고 해.
We were just about to eat lunch. 우리는 막 점심을 먹으려던 참이었어.

Drill 1

학습한 내용을 응용하여 영작해보세요.

1 ______________________

내가 더 야망을 가져야 할까? **보기** I, more, be, should, ambitious

2 ______________________

돌고래가 닭보다 영리하다. **보기** than, are, smarter, chickens, dolphins

3 ______________________

그는 그의 아버지만큼 부지런하다. **보기** diligent, he, as, is, his, father, as

4 ______________________

오늘밤 몇 시에 잘 예정이야? **보기** planning, go, time, to, are, you, to, tonight, what, sleep

5 ______________________

같은 질문을 하려던 참이었어요. **보기** the, ask, I, was, same, to, question, about

Drill 2

영어를 듣고 한국어를 보면서 바로 말할 수 있는지 체크해보세요.

☐ 차로 데려다줄까?	Should I give you a lift?
☐ 네 가방이 내 것보다 무거울 것 같은데.	I think your bag is heavier than mine.
☐ 보기보다 안 무겁구나.	It's not as heavy as it looks.
☐ 네가 나보다 훨씬 착한걸.	You are so much nicer than me.
☐ 언제 출발할 거야?	What time are you planning to leave?
☐ 막 출발하려던 참이었어.	I was just about to leave.
☐ 경찰을 불러야 할까?	Should I call the police?
☐ 행동보다 말이 쉽다.	It's easier said than done.
☐ 서울은 런던만큼 아름답구나.	Seoul is as beautiful as London.
☐ 막 네게 전화하려던 참이었어.	I was just about to call you.

정답 **1** Should I be more ambitious? **2** Dolphins are smarter than chickens. **3** He is as diligent as his father. **4** What time are you planning to go to sleep tonight? **5** I was about to ask the same question.

제시카와 함께 동네 드라이브

제시카가 세탁소도 갈 겸 드라이브하면서 동네 구경을 시켜준대요!
낯선 동네 구경은 참 재미있죠. 함께 제시카를 따라가볼까요?

전 드라이클리닝 맡기러
세탁소 가는 길이에요.

제시카는 정말 부지런한 것 같아요.

같이 가보실래요?
가면서 동네 구경을 시켜드릴게요!

Live Talk

오늘의 대화문을 귀 기울여 들어보세요. 

Jessica So, to the right here is the high school I used to go to. Ah, so many memories…
I was the most popular student in my grade.
Well, I was crowned the prom queen.
Anyways, that was a long time ago!
Oh! There's the town library.
They have a lot of great books to read.
I used to go there every weekend.
It's the nicest library I've been to.

Caelyn Jess, what's that building over there?

Jessica Oh, that's our town's finest shopping mall.
It's the most popular place for teens to go to.
Oh dear. I just missed the dry cleaner's.
I guess I was too excited to show you my neighborhood. I'm going to the dry cleaner's now.

to the right 오른쪽으로 **used to** ~하곤 했다 **memory** 추억, 기억(력) **popular** 인기 있는 **grade** 학년 **crown** 왕위에 앉히다; 왕관 **prom** (미국 고등학교) 무도회 **anyway** 어쨌든, 아무튼 **teen**(=**teenager**) 십대(의) **miss** 지나치다, 놓치다 **dry cleaner's** 세탁소 **neighborhood** 동네, 이웃

제시카 오른쪽에 있는 게 제가 다녔던 고등학교예요.
추억이 아주 많아요…
제가 우리 학년에서 가장 인기 있는 학생이었답니다.
프롬퀸으로 뽑혔었어요.
아무튼, 오래된 일이에요!
아! 저기 동네 도서관이 있어요.
읽을 만한 좋은 책이 정말 많아요.
주말마다 가곤 했어요.
제가 가본 도서관 중에서 가장 좋아요.

케일린 제시카, 저 건물은 뭐예요?

제시카 아, 우리 동네에서 가장 좋은 쇼핑몰이에요.
십 대들에게 가장 인기 있는 곳이죠.
오, 이런. 방금 세탁소를 지나쳤네요.
동네 소개하느라 너무 신났었나 봐요.
이제 드라이클리닝 맡기러 가야겠어요.

Grammar Point

회화를 튼튼하게 해주는 문법 원 포인트 레슨을 확인해보세요.

최상급 〈the + 형용사 - est〉, 〈the most + 형용사〉: 가장 ~한

'가장 ~한'이라는 뜻을 나타내는 최상급은 형용사 뒤에 -est를 붙여서 만들어요. tall(키가 큰)-tallest(가장 키가 큰), hot(뜨거운)-hottest(가장 뜨거운)처럼요. 형용사가 2음절 이상일 때는 대부분 앞에 most를 붙여서 최상급을 만듭니다. 그래서 popular(인기 있는)의 최상급은 most popular(가장 인기 있는)입니다. 최상급을 쓸 때는 the nicest library(가장 좋은 도서관)처럼 반드시 앞에 the를 붙이거나 소유격을 붙여야 한다는 점 기억하세요.

- **I was the most popular student in my grade.**
- **It's the nicest library I've been to.**
- **That's our town's finest shopping mall.**
- **It's the most popular place for teens to go to.**

To the right here is the high school I used to go to.

오른쪽에 있는 게 제가 다녔던 고등학교예요.

used to는 과거에 '~하곤 했다'라는 뜻인데, 이 표현 자체에 '이제는 그렇지 않다'는 의미가 포함돼 있습니다. the high school I used to go to는 원래 the high school that I used to go to인데 that이 생략된 거예요. 따라서 '내가 다녔던 고등학교'라고 해석하면 됩니다.

This is the house I used to live in. 여기가 내가 살던 집이야.
These are the toys I used to play with. 이것들은 내가 갖고 놀던 장난감이야.
It is the song I used to listen to. 그건 내가 예전에 듣곤 했던 노래야.

I was crowned the prom queen.

제가 프롬퀸으로 뽑혔었어요.

crown은 '왕관'이란 뜻인데, 동사로는 '왕위에 앉히다', '(영광스러운 자리에 ~으로) 선정하다'라는 뜻이 있어요. be crowned라고 수동으로 쓰면 '~으로 뽑히다[등극하다]'라는 뜻이 됩니다. prom은 미국 고등학교 3학년 때 여는 일종의 무도회 행사예요. 거기서 인기투표로 prom king과 prom queen을 선발하지요.

King Sejong was crowned in 1418. 세종대왕은 1418년에 즉위했다.
She was crowned as the 2015 Miss Silicon Valley.
그녀는 2015년 미스 실리콘밸리로 뽑혔다.
He was crowned as the richest father in the world.
그는 세계 최고 부자 아빠로 선정됐다.

It's the nicest library I've been to.

제가 가본 도서관 중에서 가장 좋아요.

예문처럼 '~해봤다'는 경험을 나타내는 현재완료(have p.p.)와 최상급을 함께 쓰면 '지금껏 ~한 것 중 가장 ~한'이라는 강조의 의미를 나타내요. the nicest library I've been to는 '내가 가본 적 있는 가장 좋은 도서관', '내가 가본 도서관 중 가장 좋은'이라는 뜻이에요.

This is the cutest puppy I've ever seen.
얘는 제가 본 강아지 중 가장 귀여워요.

It was the most delicious food I've had.
내가 먹어본 음식 중 가장 맛있었어.

It was the most expensive resort I've stayed at.
거긴 내가 묵어본 리조트 중 가장 비쌌어.

I just missed the dry cleaner's.

방금 세탁소를 지나쳤네요.

I miss you so much.(네가 너무 보고 싶어.)처럼 miss에는 '그리워하다'라는 뜻도 있고, 위 예문처럼 '놓치다, 지나치다'라는 뜻도 있어요. 가야 하는 건물을 지나쳤을 때, 내려야 할 역을 지나쳤을 때, 타야 하는 버스를 놓쳤을 때, 소중한 기회를 놓쳤을 때 모두 miss로 표현할 수 있어요.

I missed my stop. 내릴 역을 지나쳤어요.
If you don't leave now, you will miss the bus.
지금 출발 안 하면 버스 놓칠 거야.
You can't miss it. (그냥 지나칠 수 없어요.) 틀림없이 찾을 거예요.

I'm going to the dry cleaner's now.

이제 드라이클리닝 맡기러 가야겠어요.

I'm going to 다음에 동사가 나오면 '~할 예정이다'라는 뜻이지요. 하지만 I'm going to 뒤에 장소를 나타내는 명사가 나오면 현재진행형으로 '~에 가는 중이야' 또는 '~에 갈 거야'라는 뜻입니다. 둘 중 어떤 뜻인지는 문맥으로 구분해야 합니다.

I'm going to the shopping mall. 전 쇼핑몰에 갈 거예요.
I'm going to the town library. 동네 도서관에 갈 거야.
I'm going to the hospital to visit my grandma now.
지금 할머니 뵈러 병원에 가는 중이야.

Drill 1

학습한 내용을 응용하여 영작해보세요.

1 ______________________________

이건 내가 예전에 보던 시트콤이야. **보기** sitcom, this, the, I, is, used, watch, to

2 ______________________________

서울 슈퍼스타스가 새로운 챔피언에 등극했다.

보기 crowned, was, new, as, champion, the, Seoul Superstars

3 ______________________________

그건 내가 저지른 최대 실수였어. **보기** biggest, was, mistake, I've, the, made, that

4 ______________________________

난 이 기회를 놓치고 싶지 않아. **보기** don't, miss, want, I, to, opportunity, this

5 ______________________________

샘과 영화관에 갈 거예요. **보기** with, going, movie, to, theater, the, Sam, I'm

Drill 2

영어를 가리고 한국어를 보면서 바로 말할 수 있는지 체크해보세요. 

□ 여기 오른쪽에 있는 게 제가 다녔던 고등학교예요.	To the right here is the high school I used to go to.
□ 제가 프롬퀸으로 뽑혔었어요.	I was crowned the prom queen.
□ 제가 우리 학년에서 가장 인기 있는 학생이었답니다.	I was the most popular student in my grade.
□ 제가 가본 도서관 중에서 가장 좋아요.	It's the nicest library I've been to.
□ 읽을 만한 좋은 책이 정말 많아요.	They have a lot of great books to read.
□ 주말마다 가곤 했어요.	I used to go there every weekend.
□ 저게 우리 동네에서 가장 좋은 쇼핑몰이에요.	That's our town's finest shopping mall.
□ 십 대들에게 가장 인기 있는 곳이죠.	It's the most popular place for teens to go to.

1 This is the sitcom I used to watch. **2** Seoul Superstars was crowned as the new champion. **3** That was the biggest mistake I've made. **4** I don't want to miss this opportunity. **5** I'm going to the movie theater with Sam.

한국과 미국 주차장의 다른 점

미국과 한국은 다른 점이 참 많은데, 그중 하나가 주차 공간인 것 같아요.
장 보러 간 리나와 샘이 마트 주차장에서 어떤 이야기를 나누는지 함께 보시죠.

오늘은 샘이랑 같이 마트에 가보려고요.

뭐 사러 가요?

저녁거리랑 간식 좀 사려고요.

Live Talk

오늘의 대화문을 귀 기울여 들어보세요. 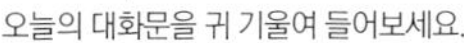 

Sam	We're here!
Lina	Wow! Supermarket parking lots are so spacious in America.
Sam	Is it not like this in Korea?
Lina	No. Usually, parking spaces are way smaller.
Sam	Well, the States are a big country in size compared to Korea.
Lina	Yeah. And it's so frustrating to park in teeny-weeny parking spots. And you always have to worry if the door of the car next to you will hit your car.
Sam	Oh, I see. Well, we don't really have that problem here.
Lina	Yeah. And since there isn't enough land for parking space, a lot of parking lots in Korea are underground.
Sam	Is it easy to use those parking lots?
Lina	Well, you just gotta be a great driver to be confident.
Sam	Well, Lina. Enjoy the spacious parking the States have as long as you can!

parking lot 주차장 **spacious** 넓은, 널찍한 **parking space** 주차 공간 **way** 훨씬, 큰 차이로 **in size** 크기 측면에서 **compared to** ~과 비교하여 **frustrating** 답답한, 불만스러운, 좌절스러운 **teeny-weeny**(=**tiny**) 작은, 조그마한(구어체 어린이말) **parking spot** 주차 공간 **next to** 바로 옆에 **underground** 지하에 **confident** 자신감 있는, 확신하는

샘	도착했어!
리나	와! 미국 마트 주차장은 엄청 넓구나.
샘	한국은 이렇지 않아?
리나	응. 대체로 주차장이 훨씬 작아.
샘	음, 미국은 한국에 비해 땅덩이가 큰 나라잖아.
리나	그렇지. 비좁은 공간에 주차하는 건 정말 힘들어. 옆 차의 문이 내 차를 치지는 않을까 항상 노심초사해야 해.
샘	아, 그렇구나. 여기서 그런 문제는 별로 없어.
리나	그렇구나. 또, 주차장을 위한 땅이 충분하지 않아서 한국에는 지하 주차장이 많아.
샘	그런 주차장은 이용하기 쉬워?
리나	음, 자신 있게 하려면 운전을 아주 잘해야 하지.
샘	리나. 미국의 넓은 주차장을 마음껏 즐겨!

Grammar Point

회화를 튼튼하게 해주는 문법 원 포인트 레슨을 확인해보세요.

It's로 말 꺼내기 〈It's+형용사+to부정사〉

영어 문장은 대부분 〈주어+동사〉의 어순으로 이루어져 있어요. 영어는 긴 주어를 싫어하기 때문에 주어가 긴 경우 일단 It's로 문장을 시작하고 진짜 주어는 뒤에서 to부정사(to+동사원형)로 나타내는 경우가 많아요. '국제 전화를 하는 것은 비싸다.'를 영어로 말할 때 To make an international call is expensive.라고 하기보다는 It's expensive to make an international call.이라고 말하는 식이지요. 주어가 길 경우 〈It's+형용사+to부정사〉(~하는 것은 ~하다)를 사용해보세요.

- **It's so frustrating to park in teeny-weeny parking spots.**
- **Is it easy to use those parking lots?**

Expression Point

회화 실력을 업그레이드해주는 표현을 익혀보세요.

Usually, parking spaces are way smaller.

대체로 주차장이 훨씬 작아.

way는 '길'이라는 뜻 외에 '큰 차이로, 훨씬'이라는 뜻의 부사로도 쓰여요. 형용사 앞에 붙어서 '훨씬 ~한'이라고 강조할 때 way를 자주 사용합니다.

I was way behind the other runners during the race.
경주 중에 난 다른 주자들보다 한참 뒤처졌다.

Korea was way ahead of China in engineering, 10 years ago.
10년 전에는 공학 분야에서 한국이 중국에 훨씬 앞서 있었다.

The States are a big country in size compared to Korea.

미국은 한국에 비해 땅덩이가 큰 나라잖아.

compare to는 '~과 비교하다'라는 뜻이고 과거분사형인 compared to는 '~과 비교하여'라는 뜻이에요. in size는 '크기 측면에서'이고 '질적인 면에서'는 in quality라고 합니다.

I'm not good at basketball, compared to Michael Jordan.
마이클 조던에 비하면 저는 농구 못해요.

Compared to Japanese food, Korean food is hotter and spicier.
일본 음식에 비해 한국 음식은 더 맵고 양념 맛이 강하다.

It's so frustrating to park in teeny-weeny parking spots.

비좁은 주차 공간에 주차하는 건 정말 힘들어.

〈It's+형용사+to부정사〉는 '~하는 것은 ~해'라는 뜻이라고 했지요? It's 뒤에 형용사를 붙이고 to 뒤에 동사원형을 붙여서 다양한 문장을 만들어보세요. teeny-weeny는 어린이들이 tiny(아주 작은) 대신 즐겨 쓰는 표현이에요.

It's okay to ask for help. 도움을 요청해도 괜찮아.
It's great to have you with us. 네가 우리와 함께해서 너무 좋다.
It's so frustrating to drive in small alleys.
좁은 골목길에서 운전하는 건 정말 짜증 나.

You always have to worry if the door of the car next to you will hit your car.

옆 차의 문이 내 차를 치지는 않을까 항상 노심초사해야 해.

have to는 '~해야 한다'라는 강한 의무를 나타내지요. 여기에 always가 붙으면 '항상 ~해야 한다'라는 뜻이 되므로 더욱 강한 의무감이 느껴져요.

We always have to plan ahead. 우리는 항상 미리 계획을 세워야 한다.
You always have to stay confident. 넌 언제나 확신을 가지고 살아야 해.
You always have to carry your passport with you.
항상 여권을 소지하고 다녀야 합니다.

Enjoy the spacious parking the States have as long as you can!

미국의 넓은 주차장을 마음껏 즐겨!

as ~ as는 '~만큼 ~한', '~하는 한'이라는 뜻이므로 as long as는 '~만큼 길게[오래, 충분히]'라는 뜻이에요. as long as you can은 '네가 할 수 있는 한 마음껏'이라는 의미입니다.

You may stay here as long as you want. 원하는 만큼 여기 머물러도 돼.
As long as you're happy, I'm okay. 너만 행복하다면 난 괜찮아.
I'll never forget your kindness as long as I live.
내가 살아 있는 한 당신이 베푼 친절을 잊지 않을게요.

Drill 1

학습한 내용을 응용하여 영작해보세요.

1 ___

나는 내 계획을 한참 전에 세워야 했다.

보기 make, earlier, had, my, I, to, way, plans

2 ___

돌고래에 비하면 오리의 지능은 낮다.

보기 to, ducks, have, compared, dolphins, low, intelligence

3 ___

또 지다니 너무 실망스럽다.

보기 disappointing, lose, to, again, it's, so

4 ___

제가 항상 그 사람 말을 들어야 하나요?

보기 I, listen, always, have, do, to, him, to

5 ___

당신이 해야 할 일을 하기만 한다면 괜찮습니다.

보기 you, do, it's, as, alright, have, what, do, as, you, long, to

Drill 2

영어를 가리고 한국어를 보면서 바로 말할 수 있는지 체크해보세요. 

☐ 대체로 주차장이 훨씬 작아.	Usually, parking spaces are way smaller.
☐ 미국은 한국에 비해 땅덩이가 큰 나라잖아.	The States are a big country in size compared to Korea.
☐ 그런 주차장은 이용하기 쉬워?	Is it easy to use those parking lots?
☐ 비좁은 주차 공간에 주차하는 건 정말 힘들어.	It's so frustrating to park in teeny-weeny parking spots.
☐ 옆 차의 문이 내 차를 치지는 않을까 항상 노심초사해야 해.	You always have to worry if the door of the car next to you will hit your car.
☐ 미국의 넓은 주차장을 마음껏 즐겨!	Enjoy the spacious parking the States have as long as you can!
☐ 도움을 요청해도 괜찮아.	It's okay to ask for help.
☐ 원하는 만큼 여기 머물러도 돼.	You may stay here as long as you want.

1 I had to make my plans way earlier. **2** Compared to dolphins, ducks have low intelligence. **3** It's so disappointing to lose again. **4** Do I always have to listen to him? **5** It's alright as long as you do what you have to do.

운전 문화: 운전면허 따는 법

미국은 땅이 넓은 만큼 운전을 못하면 다니기가 무척 불편하지요.
면허에 대한 리나와 애나의 대화를 통해 미국에서 운전면허 따는 방법을 알아볼까요?

저 미국에서 운전면허 따는 걸 한번 알아볼까 봐요.

아무래도 미국에선 꼭 필요하죠.

애나에게 한번 물어봐야겠어요.

Live Talk

오늘의 대화문을 귀 기울여 들어보세요. 74 01

Lina	Hey, Anna. How can I get a driver's license here?
Anna	Oh yes, it's needed if you want to stay longer in the States. Well, you just go check the documents you need on the DMV site of your state. The next step is to take the written test.
Lina	What score do I need to pass?
Anna	Well, it depends on the state. Here in New York, you have to get 14 out of 20.
Lina	Is the written test difficult?
Anna	Not really. You can even take a Korean one. You just have to study.
Lina	OK. Let's say I pass the test. What's the next step?
Anna	You should practice driving and take a pre-licensing course at a driving school.
Lina	After that?
Anna	To get a real driver's license, you have to pass a road test. It will be issued in about two weeks, maybe?
Lina	Wow, it requires a lot of steps.
Anna	Well, you can't just let anyone drive. You're risking lives.
Lina	True.

driver's license 운전 면허 **document** 서류, 문서 **DMV**(= **Department of Motor Vehicles**) 차량국, 교통국 **state** (미국의) 주 **take a written test** 필기시험을 보다 (written은 write의 과거분사) **score** 점수 **pre-licensing course** 운전면허 따기 전 수업 **driving school** 운전학원 **road test** 도로주행 시험 **issue** 발행[발급]하다 **require** 요구하다, 필요로 하다 **risk a life** 생명을 위협하다

리나 애나, 미국에서는 어떻게 운전면허를 따나요?
애나 아 맞다, 미국에서 더 지내려면 면허가 필요하겠구나.
거주하는 주의 DMV 사이트에 들어가서 필요한 서류를 확인하면 돼.
그 다음엔 필기시험을 쳐야 해.
리나 합격하려면 몇 점을 받아야 하나요?
애나 음, 주마다 달라. 뉴욕은 20문제 중에 14개를 맞혀야 해.
리나 필기시험은 어려운가요?
애나 그렇게 안 어려워. 한국어로도 시험을 볼 수 있어. 공부는 해야겠지.
리나 네. 필기시험에 합격했다고 쳐요. 그 다음은요?
애나 운전 학원에서 운전 연습을 하고 운전 교육을 받아야 해.
리나 그 다음에는요?
애나 진짜 운전면허를 따려면 도로 주행을 통과해야 해.
면허증은 2주 후인가 발행될 거야.
리나 와, 많은 단계가 필요하네요.
애나 아무나 운전하게 할 수 없잖니.
사람 목숨이 달려있으니까.
리나 맞아요.

Grammar Point

회화를 튼튼하게 해주는 문법 원 포인트 레슨을 확인해보세요.

It's로 말 꺼내기 〈It's p.p.〉

〈It's p.p.〉는 '~은 ~된다'라는 뜻이에요. 앞에서 얘기한 대상이나 상황을 It으로 받아 주어로 쓰고 그 뒤에 be동사와 과거분사를 붙인 수동태 구조예요. It's needed(그것이 필요하다), It's published(그것이 출간되다)와 같이 쓰면 됩니다. 미래형인 〈It will be p.p.〉는 '~은 ~될 것이다'라는 뜻이에요. '(나중에) 그게 필요할 거야.'라고 하려면 It will be needed.라고 하면 됩니다.

- **It's needed if you want to stay longer in the States.**
- **It will be issued in about two weeks.**

Expression Point

회화 실력을 업그레이드해주는 표현을 익혀보세요.

How can I **get a driver's license here?**

미국에서는 어떻게 운전면허를 따나요?

How can I~?는 '내가 어떻게 ~할 수 있어요?'라는 뜻으로 방법을 묻는 표현입니다. 방법을 모르면 어려워 말고 How can I~?로 물어보세요. I 뒤에는 동사원형을 붙이면 됩니다.

How can I **book train tickets online?**
온라인으로 기차표 예약을 어떻게 해요?

How can I **receive money from overseas?**
해외에서 돈을 받으려면 어떻게 해야 하나요?

How can I **help you?** 어떻게 도와드릴까요?

What **score** do I need to **pass?**

합격하려면 몇 점을 받아야 하나요?

⟨What+명사+do I need to~?⟩는 '~하기 위해서 무슨 ~이 필요한가요?', '무슨 ~을 ~해야 하나요?'라고 물을 때 씁니다. what score(몇 점), what test(무슨 시험), what kind of book(어떤 종류의 책)과 같이 what 뒤에 다양한 명사를 넣어 사용해보세요.

What **test** do I need to **take?**
제가 어떤 시험을 치러야 하나요?

What **qualifications** do I need to **get this job?**
이 직업을 가지려면 어떤 자격이 필요한가요?

What **kind of newspaper** do I need to **subscribe to?**
어떤 종류의 신문을 구독해야 할까요?

You just have to **study.**

공부는 해야겠지.

have to는 '~해야 한다'이고 just는 '그저, 단지'라는 뜻이므로 just have to는 '~만 하면 돼', '그냥 ~해야 돼'라는 의미입니다.

You just have to **read the book.**	넌 그냥 책만 읽으면 돼.
You just have to **trust me.**	넌 나만 믿으면 돼.
You just have to **do your best.**	넌 그저 최선을 다하면 돼.

Let's say I pass the test.

시험에 합격했다고 쳐요.

대화 중 상대방을 설득하거나 어려운 개념을 설명하는 좋은 방법 중 하나는 상대방이 이해하기 쉽도록 특정한 상황을 설정해보는 겁니다. 그럴 때 '~라고 가정해봅시다', '~라고 칩시다'라는 말을 하게 되는데 그것을 영어로는 Let's say~라고 합니다.

Let's say **you buy a gift for your wife.** 아내를 위해 선물을 산다고 가정해봅시다.
Let's say **I'm a very famous actor.** 내가 아주 유명한 배우라고 치자.
Let's say **there are no nations in the world.**
세상에 국가가 없다고 생각해보자.

You should take a pre-licensing course at a driving school.

운전 학원에서 운전 교육을 받아야 해.

쓰임새가 많은 take는 수업(class)이나 강의(course)를 수강한다고 할 때도 씁니다. '~ 강의[강좌]를 듣는다'고 할 때는 take a course in ~ 또는 take a ~ course라고 합니다.

I'm going to take a **coding** course. 코딩(프로그래밍) 강의를 들을 거야.
I plan to take a course **in design.** 디자인 수업을 수강할 계획이야.
I will probably take a course **in cooking.**
나 아마도 요리 강좌를 들을 것 같아.

Drill 1

학습한 내용을 응용하여 영작해보세요.

1 ______________________________

여기서 마포까지 어떻게 갈 수 있나요? **보기** Mapo, how, from, get, I, to, here, can

2 ______________________________

어떤 종류의 차량을 사야 할까요? **보기** need, what, do, I, kind, to, buy, vehicle, of

3 ______________________________

넌 네 엄마가 해준 이야기만 잘 기억하면 돼.

보기 you, to, your, told, you, just, remember, what, mom, have

4 ______________________________

당신이 큰 부자라고 칩시다. **보기** you're, say, rich, let's, very

5 ______________________________

재무 강좌를 듣길 추천해요. **보기** that, a, I, take, recommend, you, course, finance

Drill 2

영어를 가리고 한국어를 보면서 바로 말할 수 있는지 체크해보세요. 

□ 여기서는 어떻게 운전면허를 따나요?	How can I get a driver's license here?
□ 미국에서 더 지내려면 그게 필요하지.	It's needed if you want to stay longer in the States.
□ 합격하려면 몇 점을 받아야 하나요?	What score do I need to pass?
□ 공부는 해야겠지.	You just have to study.
□ 시험에 합격했다고 쳐요.	Let's say I pass the test.
□ 운전 학원에서 운전 교육을 받아야 해.	You should take a pre-licensing course at a driving school.
□ 그것은 2주 후인가 발행될 거야.	It will be issued in about two weeks, maybe?
□ 제가 어떤 시험을 치러야 하나요?	What test do I need to take?

정답 **1** How can I get to Mapo from here? **2** What kind of vehicle do I need to buy? **3** You just have to remember what your mom told you. **4** Let's say you're very rich. **5** I recommend that you take a finance course.

운전 문화: 운전할 때 주의사항

요즘 한국에서도 음주 운전자들에 대해 강력한 처벌을 요구하는 목소리가 높아지고 있지요. 리나도 곧 미국에서 운전을 해야 하니 주의해야 할 것들을 알아볼까요?

리나, 면허 준비는 잘돼 가요?

네, 그런데 미국에서 운전하는 게 조금 걱정되긴 해요.

운전할 때 주의할 것들을 가족들에게 한번 물어봐요.

Live Talk

오늘의 대화문을 귀 기울여 들어보세요. 

Lina	You know, I'm really excited to go for a drive. But still, it's worrying.
Sam	It's terrifying to drive in another country. But just keep two things in mind. Don't speed. And don't drive drunk.
Lina	What happens if you get caught for speeding?
Sam	Well, it depends on both the state and driver's speed. It can cost you thousands of dollars in fines. But the average cost for a speeding ticket is about $150.
Lina	Wow! I'm surprised by the numbers. It's pretty high.
Sam	It's worse for DUI, of course.
Lina	What's DUI?
Sam	Oh! DUI stands for Driving Under the Influence so... basically if you get caught driving drunk.
Lina	The penalty must be really high for that, too.
Sam	Yeah. It varies from state to state. Some states have higher fines or also jail time. But the other thing about DUI is that you can get your driver's license suspended.
Lina	Yeah, it's like that in Korea, too.

worrying 걱정스러운 **terrifying** 무서운 **keep in mind** 명심하다 **speed** 과속하다 **drive drunk** 음주 운전을 하다 **get caught for -ing** ~하는 것을 걸리다 **fine** 벌금 **average cost** 평균값 **speeding ticket** 과속 티켓[딱지] **DUI**(= **Driving Under the Influence**) 음주 운전, 약물 복용 운전 **stand for** ~을 의미하다, 나타내다 **influence** 영향 **basically** 근본적으로, 기본적으로 **penalty** 처벌, 벌금 **vary** 다르다, 차이가 있다 **jail time** 징역형 **get ~ suspended** ~을 정지당하다

리나	드라이브할 생각에 신나. 여전히 걱정은 되지만.
샘	외국에서 운전하려면 무섭지. 하지만 두 가지만 명심해. 과속하지 않기. 음주운전 안 하기.
리나	속도 위반으로 잡히면 어떻게 돼?
샘	음, 주와 속도에 따라 달라. 범칙금으로 몇 천 달러를 내야 할 수도 있어. 하지만 평균적으로 과속 벌금은 대략 150달러야.
리나	와! 벌금이 놀랍네. 꽤 세다.
샘	물론 DUI는 더 안 좋아.
리나	DUI가 뭐야?
샘	'알코올 또는 약물 복용 운전'을 줄인 말인데, 기본적으로 음주 운전을 뜻해.
리나	그것도 처벌이 엄청 강하겠구나.
샘	응. 주에 따라 다르긴 해. 몇몇 주에서는 높은 벌금을 내거나 감옥에 갈 수도 있어. 또 음주 운전을 하면 면허를 정지당할 수도 있어.
리나	한국에서도 똑같아.

Grammar Point

회화를 튼튼하게 해주는 문법 원 포인트 레슨을 확인해보세요.

It's로 말 꺼내기 〈It's -ing〉

'그것은 흥미진진해.'는 그것이 흥분시키는 것이므로 능동의 의미인 현재분사를 써서 It's exciting.이라고 해요. '나는 신이 나.'는 내가 흥분되는 것이므로 수동의 의미인 과거분사를 써서 I'm excited.라고 말해요. worrying(걱정시키는)-worried(걱정이 되는), surprising(놀라게 하는)-surprised(놀라는), terrifying(겁이 나게 하는)-terrified(겁이 나는)도 모두 그렇게 구분해서 사용하면 됩니다.

- **But still, it's worrying.**
- **It's terrifying to drive in another country.**

Expression Point

회화 실력을 업그레이드해주는 표현을 익혀보세요.

It's terrifying to drive in another country.

외국에서 운전하려면 무섭지.

terrify는 '무섭게 하다'라는 뜻의 동사예요. 현재분사 terrifying은 '(사물 등이) 무섭게 하는'이라는 뜻이고, 과거분사 terrified는 '(사람이) 무서워하는'이라는 뜻이에요. It's terrifying to~는 '~하는 것은 무서워'라는 뜻이에요. It은 가짜 주어이고 to 이하가 진짜 주어인 구조예요.

It's terrifying to walk home at night. 밤에 집까지 걸어가는 건 무서워.
It's terrifying to see such a sight. 그런 광경을 보는 건 두려운 일이다.
It's terrifying to experience an earthquake. 지진을 경험하는 건 공포스러운 일이다.

What happens if you get caught for speeding? 속도 위반으로 잡히면 어떻게 돼?

상황이 안 좋아 보일 때 '어떻게 된 거야?', '무슨 일 있어?'라는 뜻으로 What happened?라는 질문을 많이 쓰지요. 현재형으로 바꾸고 if를 붙여서 What happens if~?라고 하면 '~하면 어떻게 되는 거야?'라는 질문이 됩니다.

What happens if I don't repay my loan? 대출금을 안 갚으면 어떻게 되나요?
What happens if he fails again? 그가 또 실패하면 어떻게 되나요?
What happens if you miss the next train? 네가 다음 기차를 놓치면 어떻게 되는 거야?

It can cost you thousands of dollars in fines. 범칙금으로 몇 천 달러를 내야 할 수도 있어.

cost는 '비용'이란 뜻의 명사로도 쓰이고 '(비용이) ~이다'라는 뜻의 동사로도 쓰입니다. 누가 얼마의 비용이 들었는지 말할 때는 〈cost+사람+비용〉의 순서로 쓰고, 이는 '~가 (비용이) ~ 들다'라는 뜻이에요. cost는 과거형, 과거분사형 모두 cost라는 것도 기억해두세요.

The electric car cost him $40,000. 그는 4만 달러를 주고 그 전기차를 샀다.
Our trip to Vietnam cost us 800,000 won per person.
우리 베트남 여행은 1인당 80만원이 들었다.

◘ 우리말의 '값을[대가를] 치르다'처럼 '대가나 희생을 치르다'라는 뜻으로 cost가 사용되기도 합니다.

Drinking and driving costs valuable lives.
음주 운전은 소중한 생명을 앗아간다.

I'm surprised by the numbers.

벌금이 놀랍네.

동사 surprise의 뜻은 '놀라게 하다'입니다. 따라서 사람이 '놀랐다'라고 하려면 수동의 의미인 과거분사 surprised를 써야 해요. 무엇에 의해 놀랐는지는 by를 이용해서 연결해줍니다.

I'm surprised by what you did. 네가 한 짓을 보고 놀랐어.
I'm surprised by his answer. 그의 답변을 듣고 놀랐어.
I'm surprised by how busy she is. 그녀가 얼마나 바쁜지 알고 나서 놀랐어.

It varies from state to state.

주에 따라 다르긴 해.

vary는 '서로 다르다'라는 뜻이에요. 의미상 뒤에 depending on을 쓸 때가 많습니다. Cost varies depending on country.(국가마다 비용이 다르다.)처럼요. vary 뒤에 depending on 대신 from ~ to ~도 '~마다 다르다'라는 뜻으로 자주 쓰입니다.

It varies from person to person. 그건 사람마다 달라.
It varies from country to country. 그건 나라마다 달라.
It varies from place to place. 그건 장소마다 달라.

Drill 1

학습한 내용을 응용하여 영작해보세요.

1 ______________________

치과에 가는 건 두려운 일이다. **보기** to, the, go, dentist, terrifying, it's, to

2 ______________________

내가 벌금을 안 내면 어떻게 돼? **보기** pay, fine, what, my, if, don't, happens, I

3 ______________________

난 그 집을 짓는 데 10만 달러 들었어. **보기** $100,000, to, the, house, build, cost, me

4 ______________________

난 그의 태도에 놀랐어. **보기** his, attitude, I'm, by, surprised

5 ______________________

그건 시간마다 달라요. **보기** to, time, it, from, time, varies

Drill 2

영어를 가리고 한국어를 보면서 바로 말할 수 있는지 체크해보세요. 75 02

☐ 하지만 여전히 걱정은 돼.	But still, it's worrying.
☐ 외국에서 운전하려면 무섭지.	It's terrifying to drive in another country.
☐ 속도 위반으로 잡히면 어떻게 돼?	What happens if you get caught for speeding?
☐ 범칙금으로 몇 천 달러를 내야 할 수도 있어.	It can cost you thousands of dollars in fines.
☐ 벌금이(금액이) 놀랍네.	I'm surprised by the numbers.
☐ 주에 따라 다르긴 해.	It varies from state to state.
☐ 밤에 집까지 걸어가는 건 무서워.	It's terrifying to walk home at night.
☐ 그가 또 실패하면 어떻게 되나요?	What happens if he fails again?
☐ 네가 한 짓을 보고 놀랐어.	I'm surprised by what you did.

정답 **1** It's terrifying to go to the dentist. **2** What happens if I don't pay my fine? **3** The house cost me $100,000 to build. **4** I'm surprised by his attitude. **5** It varies from time to time.

운전 문화: 멈춤 표지판

미국이든 한국이든 운전할 때는 신호를 위반하지 않도록 주의해야 합니다. 마이클이 미국에서 운전할 때 주의할 점을 알려주네요. 우리의 운전 문화와 어떻게 다를까요?

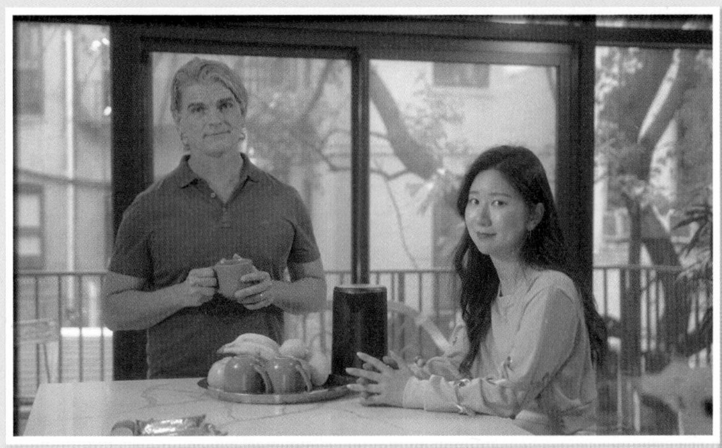

운전할 땐 항상 조심해야 해요, 알겠죠?

근데 미국에서는 신호를 위반했을 때 어떤 처벌을 받는지 궁금해요.

마이클에게 물어보는 건 어때요?

Live Talk

오늘의 대화문을 귀 기울여 들어보세요. 

Lina	So… Michael, what happens if you run a red light?
Michael	In the States, stop signs are just as important as red lights. If you run a stop sign or a red light, it's considered the same thing. So you must always be careful to stop at a stop sign before you go forward or make a turn.
Lina	Oh, I had no idea.
Caelyn	I think if there were stop signs in Korea, traffic would be worse. In the States, stop signs are everywhere, right?
Michael	Exactly.
Michael	It's regarded as the same thing. But that's not all. Because you usually receive violation points. So you have to be really careful.
Lina	So I'm guessing the fine will be different according to which state you're in.
Michael	Correct.
Lina	If I ever drove a car here, I would always watch out for stop signs!

stop sign 멈춤 표지판 **red light** (신호등의) 빨간불 **consider** 여기다, 숙고하다 **go forward** 직진하다 **make a turn** 방향을 틀다, 좌[우]회전 하다 **traffic** 교통(량), 차량들 **worse** 더 나쁜, 더 심한 (bad의 비교급) **regard as** ~으로 여기다 **receive** 받다 **violation** 위반, 위배, 방해 **violation point** 벌점 **according to** ~에 의해서 **watch out for** ~을 조심하다, 주의하다

리나	마이클, 신호 위반을 하면 어떻게 되나요?
마이클	미국에서는 빨간불만큼이나 멈춤 표지판이 중요해. 만약 멈춤 표지판이나 빨간불에 달리면 같은 걸로 간주돼. 그래서 직진하거나 방향을 틀기 전엔 항상 멈춤 표지판에서 멈춰야 해.
리나	아, 전혀 몰랐어요.
케일린	한국에도 멈춤 표지판이 있다면 교통체증이 더 심할 것 같아요. 미국에서는 멈춤 표지판이 어디에나 있죠?
마이클	맞아요.
마이클	빨간불과 동일한 것으로 간주해. 하지만 그게 다가 아니야. 대개 교통 위반 벌점도 받아. 그러니 정말 조심해야 해.
리나	벌금은 어느 주에 있는지에 따라 달라지겠군요.
마이클	맞아.
리나	만약 제가 여기서 운전한다면, 늘 멈춤 표지판을 주의할 거예요!

Grammar Point

회화를 튼튼하게 해주는 문법 원 포인트 레슨을 확인해보세요.

가정법: 사실과 반대되는 것을 가정하거나 상상할 경우

'~라면 ~할 텐데' 하고 현재 사실과 반대되는 일이나 실현이 거의 불가능한 일을 가정할 때는 〈If+주어+동사 과거형, 주어+would+동사원형〉 형식으로 표현합니다. 현재 차를 살 돈이 없는데 '돈이 충분히 있으면 차를 살 텐데.'라고 말할 경우 If I had enough money, I would buy a car.라고 하면 됩니다. 이렇게 동사의 과거형과 would를 쓴 것을 통해 '사실 돈이 충분히 없다'는 것을 알 수 있습니다.

- **I think if there were stop signs in Korea, traffic would be worse.**
- **If I ever drove a car here, I would always watch out for stop signs!**

Expression Point

회화 실력을 업그레이드해주는 표현을 익혀보세요.

If you run a stop sign or a red light, it's considered the same thing.

만약 멈춤 표지판이나 빨간불에 달리면 같은 걸로 간주돼.

consider에는 '간주하다, 여기다'라는 뜻이 있는데, 여기서는 수동형인 be considered를 썼으므로 '~으로 간주되다[여겨지다]'라는 뜻입니다. 참고로 미국에서는 stop sign(멈춤 표지판)이 보이면 차와 사람이 없어도 반드시 멈춰야 합니다.

It's considered a violation. 그건 위반으로 간주돼요.
Such behavior is considered rude. 그런 행동은 무례한 것으로 여겨진다.
He is considered a big part of his team.
그는 팀에서 큰 역할을 하는 것으로 여겨진다.

I think if there were stop signs in Korea, traffic would be worse.

한국에도 멈춤 표지판이 있다면 교통체증이 더 심할 것 같아요.

'~라면 ~할 텐데' 하고 현재 상황과 반대되는 가정을 할 때 〈If+주어+동사 과거형, 주어+would+동사원형〉을 쓴다고 했지요. 여기서 중요한 것은 현재에 대한 얘기지만 동사의 과거형을 쓴다는 점과 뒤따르는 문장에 조동사 would를 쓴다는 점이에요. 좀 복잡한 구조이므로 다양한 문장을 접하고 만들어보는 연습이 필요합니다.

If he won the gold medal, I would be surprised.
그가 금메달을 딴다면 나는 놀랄 거야.

If there was no homework, we would be happy.
숙제가 없다면 우린 행복할 텐데.

If I went to Paris, I would visit the Eiffel Tower.
만약 내가 파리에 간다면 나는 에펠탑에 가볼 거야.

It's regarded as the same thing.

(빨간불과) 동일한 것으로 간주돼.

regard는 앞에서 본 consider와 의미가 비슷합니다. 그런데 regard는 regard A as B(A를 B로 간주하다), be regarded as(~으로 여겨지다)처럼 항상 as와 함께 씁니다.

He is regarded as our friend. 그는 우리의 친구로 여겨진다.
Silence is regarded as consent. 침묵은 동의한다는 뜻으로 받아들여진다.
They regard him as a terrorist. 그들은 그를 테러리스트로 간주한다.

The fine will be different according to which state you're in.

벌금은 어느 주에 있는지에 따라 달라질 거예요.

according to~는 '~에 따라', '~에 따르면'이라는 뜻입니다. 따라서 according to which state you're in은 '네가 어느 주에 있는지에 따라'라는 의미입니다. fine은 '좋은'이라는 뜻 외에 '벌금'이라는 뜻도 있답니다.

According to Paul, this is a good movie.
폴이 그러는데 이거 좋은 영화래.

The temperature changes according to the altitude.
고도에 따라 온도가 변한다.

They were categorized according to age.
그들은 나이에 따라 분류됐다.

Drill 1

학습한 내용을 응용하여 영작해보세요.

1 ______________________________

올림픽을 개최하는 건 국가적 영예로 여겨진다.

보기 the, considered, Olympics, is, national, a, honor, hosting

2 ______________________________

넌 열심히 공부하면 좋은 성적을 받을 텐데.

보기 get, would, a, good, if, hard, you, grade, you, studied

3 ______________________________

아이스하키는 캐나다에서 최고의 스포츠로 여겨진다.

보기 ice, regarded, hockey, in, is, as, one, the, sport, Canada, number

4 ______________________________

가격은 품질에 따라 다르다. **보기** according, prices, the, are, to, quality, different

Drill 2

영어를 가리고 한국어를 보면서 바로 말할 수 있는지 체크해보세요. 

☐ 신호 위반을 하면 어떻게 되나요?	What happens if you run a red light?
☐ 만약 멈춤 표지판이나 빨간불에 달리면 같은 걸로 간주돼.	If you run a stop sign or a red light, it's considered the same thing.
☐ 한국에도 멈춤 표지판이 있다면 교통체증이 더 심할 것 같아요.	I think if there were stop signs in Korea, traffic would be worse.
☐ 동일한 것으로 간주돼.	It's regarded as the same thing.
☐ 벌금은 어느 주에 있는지에 따라 달라질 거예요.	The fine will be different according to which state you're in.
☐ 만약 제가 여기서 운전한다면, 늘 멈춤 표지판을 주의할 거예요!	If I ever drove a car here, I would always watch out for stop signs!
☐ 침묵은 동의한다는 뜻으로 받아들여진다.	Silence is regarded as consent.
☐ 만약 내가 파리에 간다면 에펠탑에 가볼 거야.	If I went to Paris, I would visit the Eiffel Tower.

정답 **1** Hosting the Olympics is considered a national honor. **2** If you studied hard, you would get a good grade. **3** Ice hockey is regarded as the number one sport in Canada. **4** Prices are different according to the quality.

반려견 산책 펫티켓

우리나라에서도 반려동물을 키우는 가정이 늘어나면서
펫티켓이 중요한 사회 이슈가 되고 있죠.
미국은 주마다 반려동물 법안이 다르다고 하는데, 어떻게 다른지 들어볼까요?

제시카, 산책하러 갈래?

좋아! 나도 잠깐 휴식이 필요했어.

Live Talk

오늘의 대화문을 귀 기울여 들어보세요. 

Lina	In Korea, people are more likely to go for smaller-sized dogs, but I noticed that a lot of Americans have big dogs.
Jessica	Yeah, many families have retrievers. Look! There is one!
Lina	Oh, how cute he is!
Jessica	What a good boy!
Lina	Is there a leash law here? Because in Korea, dogs must be leashed in public areas.
Jessica	Oh wow! In the States, it depends on the state. Some states only require leashes in certain areas like parks or wildlife areas during a certain period between sunset and sunrise.
Lina	I see. What happens if you don't clean after them?
Jessica	I think different states have different laws.
Caelyn	I have two dogs and I am always ready to pick up their waste!
Jessica	You're funny! Good for you, Caelyn.

go for ~을 택하다, ~의 편을 들다 **small-sized** 소형의 **notice** 알아차리다, 의식하다 **retriever** 리트리버 **leash** (개를 매는) 줄; 줄을 매다 **public area** 공공 장소 **in certain areas** 특정 지역에서 **wildlife area** 야생 동물 보호 구역 **a certain period** 특정 기간 **between sunset and sunrise** 일몰과 일출 사이에 **clean after** (개의) 배설물을 치우다, 뒤처리하다 **pick up** 줍다 **waste** 배설물, 쓰레기

리나	한국에선 소형견을 많이 키우는 편인데, 미국인들은 큰 개를 많이 키우더라.
제시카	맞아, 리트리버를 키우는 집이 많아. 저기 봐! 한 마리 있어!
리나	어머, 귀여워라!
제시카	정말 착하다!
리나	여기에도 목줄 관련 법이 있어? 한국에서는 공공장소에서 반려견들이 꼭 목줄을 해야 하거든.
제시카	와! 미국에서는 주에 따라서 달라. 어느 주에서는 공원이나 야생동물 구역 같은 특정 구역에서 일몰과 일출 사이의 일정 시간엔 목줄을 착용해야 해.
리나	그렇구나. 만약 배설물을 처리하지 않으면 어떻게 돼?
제시카	그것도 주마다 법이 다를 거야.
케일린	전 강아지 두 마리를 키우는데 항상 뒤처리할 준비가 돼 있어요!
제시카	재밌으시네요! 잘하고 있어요, 케일린.

Grammar Point

회화를 튼튼하게 해주는 문법 원 포인트 레슨을 확인해보세요.

How/What 감탄문

감탄문을 만들 때는 의문사 what과 how를 쓰는데 둘은 감탄문을 만드는 방식이 조금 달라요. How는 How cute he is!(저 애 참 귀엽다!)처럼 〈How+형용사+(주어+동사)!〉 순서로 써요. 주어와 동사를 생략하고 How cute!(귀여워라!)과 같이 말할 때도 많아요. What의 경우는 What a good boy he is!(그 애는 참 착한 아이구나!)처럼 〈What a(n)+(형용사)+명사+(주어+동사)!〉 순서로 감탄문을 만듭니다. 이 역시 주어와 동사를 생략하고 What a good boy!(참 착한 아이구나!)처럼 말할 때도 많아요.

- **How cute he is!**
- **What a good boy!**

 회화 실력을 업그레이드해주는 표현을 익혀보세요.

In Korea, people are more likely to go for smaller-sized dogs.

한국에서는 소형견을 많이 키우는 편이야.

be likely to는 '~하는 경향이 있다' 또는 '~할 가능성이 크다', '~할 것 같다'라는 의미입니다. 거기에 '더욱'이라는 뜻의 more를 붙이면 '~하는 경향이 더 강하다', '더 ~하는 것 같다'라는 뜻이 됩니다.

It is likely to rain soon. 곧 비가 올 것 같아.
She is not likely to succeed. 그녀는 성공할 것 같지 않아.
Something good is likely to happen. 뭔가 좋은 일이 일어날 것 같아.

I noticed that a lot of Americans have big dogs.

미국인들은 큰 개를 많이 키우더라.

notice는 '~을 알아차리다', '~이 눈에 띄다'라는 뜻입니다. 기를 쓰고 찾아내려고 한 게 아닌데도 두드러져 보이는 현상이나 트렌드에 관해 이야기할 때 I noticed that~을 쓸 수 있습니다.

I noticed that something was wrong. 뭔가 잘못됐다는 걸 알아차렸어.
I noticed that his hands were shaking. 그의 손이 떨리고 있다는 걸 알아차렸어.

Oh, how cute he is!

어머, 귀여워라!

how로 시작하는 감탄문을 만들 때는 〈How+형용사+(주어+동사)!〉 순으로 문장을 구성한다고 했지요? 괄호 안에 있는 주어와 동사는 생략될 때가 많아요.

How cold (it is)! 엄청 춥다!
How pretty (this flower is)! (이 꽃) 참 예쁘다!
How comfortable (this chair is)! (이 의자) 참 편안하다!

I think different states have different laws.

주마다 법이 다를 거야.

'A마다 B가 다르다'고 표현할 때 Different A have different B. 구문을 이용하면 됩니다. '다른 A는 다른 B가 있다'는 말은 결국 'A마다 B가 다르다'는 뜻이니까요.

Different people have different opinions. 사람마다 의견이 달라.
Different countries have different legal systems.
나라마다 법률 체계가 달라.
Different schools have different selection processes.
학교마다 선발 절차가 달라.

I am always ready to pick up their waste!

전 항상 뒤처리할 준비가 돼 있어요!

be ready to는 '~할 준비가 되다'라는 뜻이에요. 여기에 always를 추가해 be always ready to라고 하면 '항상 ~할 준비가 되어 있다'는 뜻이 됩니다. 산책 중 반려동물의 뒤처리는 정말 중요한 펫티켓이죠!

I am always ready to clean. 전 항상 청소할 준비가 되어 있어요.
The book is ready to publish. 그 책은 출판할 준비가 됐다.
We are ready to answer your questions.
저희는 여러분들의 질문에 답할 준비가 됐습니다.

Drill 1

학습한 내용을 응용하여 영작해보세요.

1 ____________________

그들이 돌아올 것 같지 않다. **보기** likely, they, come, are, to, back, not

2 ____________________

이 주변에 나무들이 많다는 걸 알아차렸어.

보기 I, trees, noticed, around, that, are, there, of, here, a, lot

3 ____________________

걔 진짜 빨리 뛴다! **보기** he, fast, runs, how

4 ____________________

회사마다 관행이 달라. **보기** companies, different, have, practices, different

5 ____________________

저희는 협상할 준비가 됐습니다. **보기** make, we, deal, are, to, a, ready

Drill 2

영어를 가리고 한국어를 보면서 바로 말할 수 있는지 체크해보세요. 

☐ 한국에선 소형견을 많이 키우는 편이야.	In Korea, people are more likely to go for smaller-sized dogs.
☐ 미국인들은 큰 개를 많이 키우더라.	I noticed that a lot of Americans have big dogs.
☐ 어머, 귀여워라!	Oh, how cute he is!
☐ 정말 착하다!	What a good boy!
☐ 주마다 법이 다를 거야.	I think different states have different laws.
☐ 전 항상 뒤처리할 준비가 돼 있어요!	I am always ready to pick up their waste!
☐ 만약 배설물을 처리하지 않으면 어떻게 돼?	What happens if you don't clean after them?
☐ 뭔가 좋은 일이 일어날 것 같아.	Something good is likely to happen.
☐ 이 의자 참 편안하다!	How comfortable this chair is!

1 They are not likely to come back. **2** I noticed that there are a lot of trees around here. **3** How fast he runs! **4** Different companies have different practices. **5** We are ready to make a deal.

미국의 주택 장식 문화

한적한 동네를 여유 있게 거닐며 산책하는 건 상상만으로도 마음이 평온해지죠.
리나와 제시카가 동네 산책을 하며 어떤 이야기를 나누는지 들어볼까요?

리나, 오늘은 밖이네요?

네, 지금 제시카랑 산책 중이었어요.

그럼 산책하면서
미국 동네 좀 구경시켜주세요.

Live Talk

Lina	Wow, it's such a nice day today.
Jessica	I know. And on weekdays it's usually quiet, too. So, it's the perfect day to take a walk.
Lina	I love strolling in a quiet neighborhood and looking at all these different houses.
Jessica	Oh, you should come during Halloween, Thanksgiving, and Christmas.
Lina	Why?
Jessica	On those holidays, people go over-the-top for decorations. Some streets have a contest every year.
Lina	I think I've seen some of those decorations on TV. Wait, do you guys decorate your house, too?
Jessica	Of course! That's the best part of the holidays.
Lina	Wait, how long does it take to put up all decorations?
Jessica	Oh, days! When decorating season comes, we start early in the morning until late at night during the weekends.

weekday 평일 **perfect** 완벽한, 완전한 **take a walk** 산책하다 **stroll** 거닐다, 산책하다 **Halloween** 핼로윈 **Thanksgiving** 추수감사절 **go over-the-top** 도를 넘다, 오버하다 **decoration** 장식(품) **have a contest** 대회를 열다, 대결하다 **decorate** 장식하다, 꾸미다 **decorating season** 장식하는 계절(추수감사절부터 크리스마스와 연말 연초까지)

리나	와, 오늘 날씨 정말 좋다.
제시카	그러게. 주중에는 대체로 조용하기도 해. 그래서 오늘은 산책하기에 완벽한 날이야.
리나	조용한 동네를 거닐면서 다양한 집들을 구경하는 게 정말 좋아.
제시카	너 핼러윈, 추수감사절, 그리고 크리스마스에 꼭 와야겠다.
리나	왜?
제시카	그런 날에는 사람들이 장식을 과하게 하거든. 몇몇 거리는 매년 대회도 해.
리나	TV에서 장식한 걸 본 적이 있는 거 같아. 그럼 너희도 집 꾸며?
제시카	당연하지! 그게 명절의 가장 좋은 부분인걸.
리나	그럼 다 장식하려면 얼마나 걸려?
제시카	며칠 걸려! 장식할 때가 다가오면, 주말 동안 아침 일찍부터 저녁 늦게까지 꾸며.

Grammar Point

회화를 튼튼하게 해주는 문법 원 포인트 레슨을 확인해보세요.

전치사 at/on/in

언제 어떤 전치사를 써야 하는지는 늘 고민되는 부분이죠. 전치사는 명사와 대명사 앞에서 시간과 장소, 방향 등을 나타내기 위해 사용합니다. on은 on Tuesday(화요일에)처럼 '요일' 또는 '날짜', '특정한 날' 앞에 쓰고, on television(TV에)처럼 '도구'나 '수단'을 나타낼 때도 사용합니다. in은 in my room(내 방에)처럼 '~에'라는 장소를 나타낼 때도 쓰고 in the morning(아침에)처럼 '시간'을 나타낼 때도 사용해요. at night(밤에)처럼 예외적으로 at을 쓰는 경우도 있어요.

- **On weekdays it's usually quiet.**
- **On those holidays, people go over-the-top for decorations.**
- **I've seen some of those decorations on TV.**
- **I love strolling in a quiet neighborhood.**
- **We start early in the morning until late at night.**

Expression Point

회화 실력을 업그레이드해주는 표현을 익혀보세요.

On weekdays it's usually quiet.

주중에는 대체로 조용해.

on Friday(금요일에), on May 20(5월 20일에), on Christmas(크리스마스에)처럼 '요일'과 '날짜', '특별한 날' 앞에는 on을 사용해요. 한편 in March(3월에), in 1998(1998년에)처럼 '달'과 '연도' 앞에는 in을 씁니다. weekday(주중)는 weekend(주말)의 상대적인 개념이에요. on weekdays 하고 뒤에 -s를 붙인 건 weekday가 여러 날이기 때문입니다.

I'll see you on Friday. 금요일에 봐.
I go to the dentist on Tuesdays. 난 화요일마다 치과에 가.
What did you do on your birthday? 네 생일에 뭐 했어?

It's the perfect day to take a walk.

산책하기에 완벽한 날이야.

perfect은 '완벽한'이므로 perfect day는 '완벽한 날'이라는 뜻이에요. 뭘 하기에 완벽한 날인지는 뒤에 to부정사를 붙여서 설명해주면 됩니다. It's the perfect day to~(~하기에 완벽한 날이야) 구문을 연습해보세요.

It's the perfect day to play golf. 골프 치기에 완벽한 날이네.
It's the perfect day to go shopping. 쇼핑하러 가기에 완벽한 날이야.
It's the perfect day to start a diet. 다이어트를 시작하기에 완벽한 날이네.

On those holidays, people go over-the-top for decorations.

그런 명절에는 사람들이 과하게 장식을 하거든.

over-the-top에는 '한계를 넘어서는'이라는 긍정적인 뜻도 있고 '도를 넘는', '지나치게 하는'이라는 부정적인 뜻도 있습니다. 우리말로 '오버한다'에 해당하는 영어 표현으로 볼 수 있습니다. 줄여서 OTT라고도 씁니다.

The actor's over-the-top performance ruined the film.
그 배우의 과장된 연기가 영화를 망쳤다.

She went completely over-the-top with this party.
그녀는 이 파티 준비를 너무 과하게 했어.

I think the special effects are over-the-top. 특수효과가 좀 과한 것 같네.

That's the best part of the holidays.

그게 명절의 가장 좋은 부분인걸.

the best part of는 '~의 가장 좋은 부분'이라는 뜻이므로 That's the best part of~ 하면 '그게 ~의 가장 좋은 점이다'라는 뜻이 됩니다. 북미에서 the holidays는 추수감사절(11월 넷째 목요일)에 시작해서 크리스마스를 거쳐 새해까지 이르는 기간을 뜻합니다.

That's the best part of Christmas. 그게 크리스마스의 가장 좋은 점이야.
That's the best part of my job. 그게 내 직업의 가장 좋은 점이야.
That's the best part of being a father. 그게 아빠가 돼서 가장 좋은 점이지.

How long does it take to put up all (the) decorations?

다 장식하려면 얼마나 걸려?

take에는 '(시간이) 걸리다'라는 뜻이 있다고 했지요? How long does it take to~?는 '~하는 데 시간이 얼마나 걸려?'라고 묻는 표현입니다. 여기서 진짜 주어는 to 이하이고 it은 가짜 주어로 사용된 거예요. 참고로 문법적으로는 all the decorations처럼 the가 들어가야 맞지만 일상 회화에서는 이 문장처럼 관사(a / the)를 생략하는 경우가 종종 있습니다.

How long does it take to do that? 그걸 하는 데 얼마나 걸려?
How long does it take to get a visa? 비자 받는 데 얼마나 걸려?
How long does it take to complete the course?
그 과정 끝내는 데 얼마나 걸리나요?

Drill 1

학습한 내용을 응용하여 영작해보세요.

1 ______________________

올해 추석은 9월 21일이야. **보기** this, is, Chuseok, on, 21, year, September

2 ______________________

수영을 즐기기에 완벽한 날이야. **보기** it's, enjoy, the, to, day, swimming, perfect

3 ______________________

그는 뭐든 과하게 하는 경향이 있어. **보기** to, with, over-the-top, everything, he, go, tends

4 ______________________

그게 서울에 살아서 가장 좋은 점이지. **보기** in, the, living, best, of, part, Seoul, that's

5 ______________________

제 운전면허증을 갱신하는 데 얼마나 걸리나요?

보기 long, driver's, does, take, it, renew, to, license, how, my

Drill 2

영어를 가리고 한국어를 보면서 바로 말할 수 있는지 체크해보세요.

□ 주중에는 대체로 조용해.	On weekdays it's usually quiet.
□ 산책하기에 완벽한 날이야.	It's the perfect day to take a walk.
□ 조용한 동네를 거니는 게 정말 좋아.	I love strolling in a quiet neighborhood.
□ 그런 명절에는 사람들이 과하게 장식을 하거든.	On those holidays, people go over-the-top for decorations.
□ TV에서 그런 장식을 본 적 있어.	I've seen some of those decorations on TV.
□ 그게 명절의 가장 좋은 부분인걸.	That's the best part of the holidays.
□ 다 장식하려면 얼마나 걸려?	How long does it take to put up all (the) decorations?
□ 아침 일찍 시작해서 저녁 늦게까지 해.	We start early in the morning until late at night.
□ 특수효과가 좀 과한 것 같네.	I think the special effects are over-the-top.

정답 **1** Chuseok is on September 21 this year. **2** It's the perfect day to enjoy swimming. **3** He tends to go over-the-top with everything. **4** That's the best part of living in Seoul. **5** How long does it take to renew my driver's license?

산책 후 즐기는 커피 한 잔

느긋하게 동네를 산책한 후 커피를 마시면 더없이 좋지요.
카페에서 테이크아웃할 때 어떤 대화를 나누는지 리나의 라이브 영상을 함께 볼까요?

Linastagram
LIVE

여러분. 오늘 하루 어땠나요?

어머. 리나 씨! 오랜만.

완전 별로인 하루였어요.

전 지금 동네를 산책하고 있어요.

와! 멋진 동네네요!

이제 집에 가는 길인가요?

네. 이제 가려고요.

그전에 카페에 좀 들를게요.

Live Talk

오늘의 대화문을 귀 기울여 들어보세요. 

Lina	The coffee shop is not far from here. It's by the library. Actually, it's right over there.
Lina	Hello.
Cashier	Hi.
Lina	May I get an iced black coffee, please?
Cashier	Sure. For here or to go?
Lina	To go, please.
Cashier	Sure. I'll grab your coffee in a sec. May I know your name, please?
Lina	Lina.
Cashier	Sure. Lina, I'll call you when your coffee's ready.
Lina	Okay.
Cashier	Hey, Lina. Your coffee's ready!
Lina	Okay, thank you!
Lina	I should hurry! I told Jess I would be back by 6.

far from ~에서 먼 **by** ~(장소) 옆에, ~(시간)까지 **for here** (포장하지 않고) 여기서 먹다 **to go** (식당에서 먹지 않고) 가지고 가다(=take away) **grab** 가져오다(=get) **in a sec** 잠시 후에 **hurry** 서두르다

리나	카페는 여기서 멀지 않아요. 도서관 옆에 있어요.
	사실 바로 저기예요.
리나	안녕하세요.
점원	안녕하세요.
리나	아이스 블랙커피 하나 주세요.
점원	네. 매장에서 드시나요, 테이크 아웃인가요?
리나	테이크 아웃이요.
점원	네. 금방 준비해드릴게요. 성함 좀 알려주시겠어요?
리나	리나예요.
점원	네. 커피 준비되면 불러드릴게요.
리나	네.
점원	리나 님. 커피 나왔습니다!
리나	감사합니다!
리나	저 서둘러야겠어요! 제시카한테 6시까지 들어간다고 했거든요.

Grammar Point

회화를 튼튼하게 해주는 문법 원 포인트 레슨을 확인해보세요.

전치사 by/from

시간과 장소 앞에 오는 전치사 중에는 from과 by도 있어요. from은 '~으로부터'라는 뜻으로 '나는 보스턴에서 왔어.'는 I'm from Boston.이 됩니다. by는 '~ 옆에'라는 뜻으로 by the library(도서관 옆에), by the sea(바닷가에)와 같이 사용합니다. by는 시간상 '~까지'라는 뜻으로도 쓰여요. 그래서 by 6 하면 '6시까지'라는 뜻이 됩니다.

- **The coffee shop is not far from here.**
- **It's by the library.**
- **I told Jess I would be back by 6.**

The coffee shop is not far from here.

카페는 여기서 멀지 않아요.

far는 '(거리가) 먼'이라는 뜻이에요. 위와 같이 '~으로부터[에서] 멀다'고 할 때는 far from을 쓰면 됩니다. 반대로 '가까운'은 close를 쓰면 됩니다.

The school is far from where I live. 학교는 내가 사는 곳에서 멀어.
New York is very far from Seattle. 뉴욕은 시애틀에서 매우 멀다.
Bundang is not far from Seoul. 분당은 서울에서 멀지 않아.

It's by the library.

그것은 도서관 옆에 있어요.

전치사 by는 '~ 옆에'라는 뜻이 있어서 장소를 나타낼 때도 사용됩니다. by가 얼마나 떨어져 있는가에 상관 없이 옆에 있다는 것을 말한다면, next to는 아주 가까운 '바로 옆' 또는 '한 줄로 늘어서 옆에 있는 것'을 말할 때 사용합니다.

I live by the Han River. 나 한강 옆에 살아.
You can sit by Jimmy. 지미 옆에 앉아도 돼.
I'll always stay by your side. 항상 네 곁에 있을 거야.

Actually, it's right over there.

사실 바로 저기예요.

actually는 '사실은, 실제로는'이라는 뜻으로 회화에서 참 많이 쓰는 표현입니다. 보통의 상식과 다른 이야기를 할 때, 상대방이 모르는 이야기를 할 때, 상대방의 의견에 반대되는 주장을 할 때, 상대방이 잘못 말한 부분을 정정할 때 등 회화에서 많이 쓰이는 표현이에요.

Actually, I'm a bad guy. 사실 난 나쁜 사람이야.
Actually, I'm busy at the moment. 사실 난 지금 바빠.
Actually, today is Tuesday, not Monday.
사실 오늘은 월요일이 아니고 화요일이에요.

May I get an iced black coffee, please?

아이스 블랙커피 하나 주시겠어요?

May I~?는 Can I~?와 마찬가지로 '제가 ~해도 될까요?' 하고 허락을 구할 때 쓰는 표현입니다. May I~?가 Can I~?에 비해 좀더 공손한 표현이라고 보면 됩니다. May I get~?은 '제가 ~을 받을[살/구할] 수 있을까요?'라는 뜻으로 식당에서 주문을 하거나 쇼핑을 할 때 자주 사용하는 표현입니다.

May I get a refund? 환불을 받을 수 있을까요?
May I get two iced teas? 아이스티 두 잔 주시겠어요?
May I get your email address? 이메일 주소 좀 알려주시겠어요?

I'll call you when your coffee's ready.

커피 준비되면 불러드릴게요.

I'll call you when~은 '~하면 부를게요'라는 뜻입니다. call에는 '부르다' 외에 '전화하다'라는 뜻도 있으므로 상황에 따라서는 '~하면 전화할게요'라는 뜻이 될 수도 있습니다.

I'll call you when I'm done. 다 끝나면 부를게요.
I'll call you when the car is ready. 차가 준비되면 부를게요.
I'll call you when we get there. 우리가 거기에 가면 전화할게.

Drill 1

학습한 내용을 응용하여 영작해보세요.

1 ______________________

광화문이 수원에서 먼가요? **보기** Gwanghwamun, is, from, Suwon, far

2 ______________________

우린 예전에 공항 옆에 살았어. **보기** live, we, the, airport, used, by, to

3 ______________________

사실 난 널 사랑하는 것 같아. **보기** think, I, actually, love, you, I

4 ______________________

이 문서의 복사본 좀 얻을 수 있을까요? **보기** get, may, copy, of, I, a, document, this

5 ______________________

회의 끝나면 전화할게. **보기** you, I'll, call, the, is, over, meeting, when

Drill 2

영어를 가리고 한국어를 보면서 바로 말할 수 있는지 체크해보세요. 

☐ 카페는 여기서 멀지 않아요.	The coffee shop is not far from here.
☐ 그것은 도서관 옆에 있어요.	It's by the library.
☐ 사실 바로 저기예요.	Actually, it's right over there.
☐ 아이스 블랙커피 하나 주시겠어요?	May I get an iced black coffee, please?
☐ 드시고 가시나요, 포장인가요?	For here or to go?
☐ 성함 좀 알려주시겠어요?	May I know your name, please?
☐ 커피 준비되면 불러드릴게요.	I'll call you when your coffee's ready.
☐ 제시카한테 6시까지 들어간다고 했어요.	I told Jess I would be back by 6.
☐ 뉴욕은 시애틀에서 매우 멀다.	New York is very far from Seattle.
☐ 다 끝나면 부를게요.	I'll call you when I'm done.

 **1** Is Gwanghwamun far from Suwon? **2** We used to live by the airport. **3** Actually I think I love you. **4** May I get a copy of this document? **5** I'll call you when the meeting is over.

집 근처 헬스장 알아보기

리나가 집 근처에서 다닐 수 있는 헬스장을 알아보고 있어요.
마이클에게 추천받은 곳들 중 어느 헬스장으로 마음이 기울었는지 볼까요?

여기 와서 운동에 좀 소홀했더니
온몸이 너무 찌뿌둥하네요.

집 근처에 다닐 만한 헬스장이나
수영장 같은 시설이 있는지
마이클한테 물어보지 그래요?

Live Talk

오늘의 대화문을 귀 기울여 들어보세요. 80 01

Lina	Hey, Michael! So, I'm thinking about joining a gym. Is there one nearby?
Michael	Um… there's one downtown. It'll take about 20 minutes on foot.
Lina	That's not too bad. Do they have a swimming pool?
Michael	Yeah. They do. You don't have to pay a monthly fee for the pool. You can pay every time you go.
Lina	I'm here for a month, so that's good.
Michael	Oh, I just remembered! There's another gym near the park. It's closer, but I don't think they have a swimming pool.
Lina	So, out of the two, which one do you recommend?
Michael	For you, I think the one near the park. It's closer. If my wife and I are here when you go to the gym, we could give you a lift, but it's kind of hard to coordinate that so… Closer, the better, right?
Caelyn	Yeah! And when you want to swim, you could go to the other gym!
Lina	That's right, Caelyn! I should do that. I'm going to take a look at the gym near the park next time. Thank you, Michael.

join a gym 헬스장에 다니다[등록하다] **nearby** 근처에, 가까운 곳에 **on foot** 걸어서 **swimming pool** 수영장 **monthly fee** 한 달 이용료 **recommend** 추천하다 **give a lift** 차로 데려다주다 **coordinate** 조정하다, (시간을) 맞추다 **the other** (둘 중의) 다른 하나 **take a look at** ~을 살펴보다

리나	마이클! 저 헬스장에 다닐까 하는데요. 근처에 있나요?
마이클	음… 시내에 하나 있어. 걸어서 20분 정도 걸려.
리나	나쁘지 않네요. 수영장도 있나요?
마이클	응. 있어. 한 달 치 수영장 이용료를 내지 않아도 돼. 갈 때마다 내면 되거든.
리나	한 달 동안 지낼 거니까 괜찮네요.
마이클	아, 생각났다! 공원 근처에도 헬스장이 있어. 더 가깝긴 한데, 수영장은 없을 거야.
리나	두 곳 중에서 어디를 추천하세요?
마이클	너한텐 공원 근처에 있는 곳이 나을 것 같아. 더 가까우니까. 네가 헬스장에 갈 때 애나나 내가 집에 있으면 데려다줄 수 있지만, 조정하기 어려우니까… 가까울수록 좋을 것 같아, 맞지?
케일린	맞아요! 그리고 수영하고 싶을 땐, 다른 데로 가면 되죠!
리나	맞아요, 선생님! 그래야겠어요. 다음에 공원 근처에 있는 헬스장을 둘러봐야겠어요. 고마워요, 마이클.

Grammar Point

회화를 튼튼하게 해주는 문법 원 포인트 레슨을 확인해보세요.

전치사 for / to / out of

전치사 to는 I'm going to school.(나 학교 가는 중이야.)처럼 '~로[에]'라는 의미로 많이 쓰여요. for는 for two week(2주 동안)처럼 '기간'을 나타내기도 하고 I'll pay for it.(내가 그거 계산할게.)처럼 '~에 관한', '~을 위한'이라는 뜻으로도 쓰여요. out of는 I'm out of office.(나 사무실 밖이야.)처럼 '~ 밖으로'라는 뜻도 있고, '~ 중에서'라는 뜻으로도 쓰여요.

- **You don't have to pay a monthly fee for the pool.**
- **I'm here for a month, so that's good.**
- **Out of the two, which one do you recommend?**
- **If we are here when you go to the gym, we could give you a lift.**
- **You could go to the other gym!**

I'm thinking about joining a gym.

헬스장에 다닐까 하는데요.

think about은 '~에 대해 생각하다'라는 뜻이에요. 뭔가에 대해 생각하려고 노력하는 건 think about을 쓰고, 의지와 상관 없이 어떤 생각이 떠오르는 건 think of를 씁니다. 뭔가를 할까 말까 생각 중일 때는 현재진행형을 써서 I'm thinking about~으로 표현해보세요.

I'm thinking about going there. 거기 갈까 생각 중이야.
I'm thinking about meeting him. 그를 만날까 생각 중이야.
I'm thinking about ordering Chinese food. 중국 음식을 주문할까 생각 중이야.

It'll take about 20 minutes on foot.

걸어서 20분 정도 걸릴 거야.

시간이 얼만큼 '걸린다'고 할 때는 동사 take를 씁니다. It takes an hour.(한 시간이 걸려.) 또는 It'll take two months.(두 달이 걸릴 거야.)와 같이 사용하면 됩니다. on foot은 발로 간다는 뜻이므로 '걸어서'라는 의미예요.

It'll take about three months to finish this project.
이 프로젝트 끝내는 데 석 달쯤 걸릴 거야.

It'll take about 10 minutes to get there by car.
거기 차로 가는 데 10분쯤 걸릴 겁니다.

It'll take about three years for me to become a manager.
제가 매니저가 되려면 3년은 걸릴 겁니다.

You don't have to pay a monthly fee for the pool.

한 달 치 수영장 이용료를 내지 않아도 돼.

have to는 '~해야 한다'는 뜻으로 의무를 나타내는 표현입니다. 의무감이 must보다는 약하고 should보다는 강합니다. don't have to는 '~안 해도 돼', '~할 필요 없어'라는 뜻이에요.

You don't have to **hurry.** 서두를 필요 없어.
You don't have to **meet him.** 그를 만날 필요 없어.
You don't have to **worry about it.** 그것에 대해 걱정 안 해도 돼.

I'm here for **a month, so that's good.**

한 달 동안 지낼 거니까 괜찮네요.

for는 '기간'을 나타낼 때도 쓴다고 했지요? I'm here는 '난 여기서 지낸다'이므로 I'm here for 다음에 기간이 오면 '여기서 ~ 동안 지낸다'라는 뜻이 됩니다.

I'm here for **10 days.** 저 여기서 열흘 동안 지낼 거예요.
I'm here for **2 weeks.** 저 여기서 2주 동안 지낼 거예요.
I'm here for **one year.** 저 여기서 1년 동안 머물 거예요.

We could give you a lift.

우리가 데려다줄 수 있어.

'차를 태워준다'를 영어로 give a lift 또는 give a ride라고 합니다. 상대방에게 '내가 ~까지 태워줄게'라고 하려면 to를 붙여서 I'll give you a lift/ride to~로 표현합니다. 참고로 영국 영어에서 lift는 '엘리베이터'라는 뜻으로도 쓰입니다.

I'll give you a lift **to the church.** 내가 교회까지 태워줄게.
He gave me a lift **to the hospital.** 그가 날 병원까지 태워줬어.
Brian can give you a lift **to your friend's house.**
브라이언이 네 친구 집까지 태워줄 수 있어.

Drill 1

학습한 내용을 응용하여 영작해보세요.

1 ____________________________________

내 사업을 시작할까 생각 중이야. **보기** my, business, I'm, own, about, thinking, starting

2 ____________________________________

점심 식사 마치려면 1시간 반쯤 걸릴 거야.

보기 half, take, to, hour, finish, it'll, lunch, one, and, about, a

3 ____________________________________

그 여자 말은 들을 필요 없어. **보기** listen, have, her, you, to, don't, to

4 ____________________________________

여기에 하루만 있을 거예요. **보기** one, just, day, I'm, for, here

5 ____________________________________

내가 학교까지 태워줄게. **보기** to, give, the, you, school, I'll, a, lift

Drill 2

영어를 가리고 한국어를 보면서 바로 말할 수 있는지 체크해보세요. 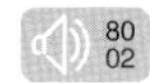

☐ 헬스장에 다닐까 하는데요.	I'm thinking about joining a gym.
☐ 걸어서 20분 정도 걸릴 거야.	It'll take about 20 minutes on foot.
☐ 한 달 치 수영장 이용료를 내지 않아도 돼.	You don't have to pay a monthly fee for the pool.
☐ 한 달 동안 지낼 거니까 괜찮네요.	I'm here for a month, so that's good.
☐ 두 곳 중에서 어디를 추천하세요?	Out of the two, which one do you recommend?
☐ 우리가 차로 데려다줄 수 있어.	We could give you a lift.
☐ 이 프로젝트 끝내는 데 석 달쯤 걸릴 거야.	It'll take about three months to finish this project.
☐ 내가 교회까지 태워줄게.	I'll give you a lift to the church.

1 I'm thinking about starting my own business. **2** It'll take about one hour and a half to finish lunch. **3** You don't have to listen to her. **4** I'm here for just one day. **5** I'll give you a lift to the school.

한 달 동안 B&B 가족과
쉬운 영어로 소통하기

You made it!

memo

memo

memo